Für Carolin und Thomas

Hast Du eine Überzeugung erkämpft,
beharre auf dem Weg,
folge niemandem nach,
bleibe einfach Du selbst.

Gerhard P. Streit

Lehrjahre - Herrenjahre - Hundejahre

Ein Arbeitsleben in der Gummiindustrie

In der Annahme, dass die in diesem Buch veröffentlichten Angaben, Daten und Formeln richtig sind und der Wahrheit entsprechen, übernehmen weder der Autor noch der Verlag eine rechtliche Verantwortung für inhaltliche Fehler und Auslassungen.
Der Verlag gibt keinerlei Garantien für den veröffentlichten Inhalt des Buches.

Die Wiedergabe von Gebrauchsnamen, Handelsnamen, Warenbezeichnungen usw. in diesem Buch berechtigt nicht zu der Annahme, dass solche Namen im Sinne der Warenzeichen- und Markenschutz-Gesetzgebung als frei zu betrachten wären und daher von jedermann benutzt werden dürfen.

ISBN 3-9803593-9-5

Internet: http://www.gupta-verlag.de

Satz: Dr. Gupta Verlag

Druck: D+L Printpartner GmbH, Bocholt

Printed in Germany

VORWORT

Ein Buch „Die Berechenbarkeit der Zukunft" hat mich fasziniert und zum Nachdenken angeregt. Daraus ist dann der Wunsch geboren, an meinem Berufsleben das nachzuvollziehen, was der Autor jenes denkwürdigen Buches als natürliches Wachstum bezeichnet. Dessen mathematische Beschreibung führte zu der S-Kurve, wie sie auf dem Umschlag des hier vorliegenden Buches dargestellt ist. Der Titel des Buches ergab sich gewissermaßen zwangsläufig aus diesen Überlegungen. Es gibt Personen, die alles falsch verstehen wollen. Um denen zumindest bzgl. des Titels die Argumente zu nehmen, erkläre ich hiermit, dass die Reihenfolge der Schlagwörter im Titel keineswegs dem erlebten Zeitrahmen entspricht. In jedem Angestelltenverhältnis habe ich diese Zeitabschnitte erfahren oder erfahren müssen. Was den Untertitel betrifft, so schwankte ich zwischen einem Leben in der oder für die Gummiindustrie. Es war sicherlich beides, wobei das „für" durch die Lehrtätigkeit bewiesen ist. Ich will nicht unbescheiden sein, aber ich hoffe doch, eine Gummispur zu hinterlassen, wenn auch nur eine kleine.

Die Diskussionen mit Kollegen und Freunden zeigten mir dann auf, dass solch ein Buch und nicht nur der Titel problematisch ist. Einerseits waren alle, insbesondere die, die mit der Gummiindustrie zu tun haben sehr interessiert, andererseits werden natürlich firmenspezifische und daher schutzwürdige Belange berührt, die es entsprechend zu würdigen gilt. Daher muss ich versuchen auf dem schmalen Grat zwischen Neugier des Lesers und den berechtigten Interessen meiner ehemaligen Arbeitgeber den richtigen Pfad zu finden. Deshalb werde ich mich auf Gegebenheiten innerhalb der Zuständigkeit des Labors beschränken und die durchaus erzählenswerten Histörchen in der Zusammenarbeit zwischen Lieferanten - Verarbeiter und Abnehmer außen vor lassen. Nicht jedoch möchte ich versäumen die Freundschaften zu würdigen, die im Laufe der Jahre gerade mit Kollegen auf der Lieferantenseite entstanden sind. Unter den vielen möchte ich hier stellvertretend drei nennen, die mich auch im Laufe dieser Arbeit nicht nur mit Bemerkungen hilfreich unterstützten. Vielleicht liegt dies auch bei Hans-Jürgen Schulz und Dieter Kälberer am gemeinsamen Interesse an Meer und der Segelei. Bei Dr. Raffaele Ferro sind es mehr die chemischen Grundlagen, die uns zusammengeführt und in gegenseitiger Wertschätzung zu fruchtbarer Arbeit getrieben haben.

Bei der Erstellung des Manuskriptes, insbesondere bei den Gefechten, die ich mit Bill Gates zu bestehen hatte, war mir Herr José Duarte mehr als ein Knappe, denn er kannte wie kein anderer die Gedankengänge der Gates'schen Software-Ingenieure und wusste bei jeder Extravaganz der Microsoft Word Art den richtigen Dreh.

Zu großem Dank fühle ich mich meinem fast väterlichen Freund, Herrn Ernst Hörl, verpflichtet, der mit großem Eifer und der Exaktheit eines Ingenieurs das Manuskript Korrektur gelesen hat und mir gleichzeitig oder gerade dadurch beim Umschiffen gefährlicher Klippen hinsichtlich der Wahrung bestimmter Firmeninteressen sehr geholfen hat.

Einen darf ich in der Reihe der Geburtshelfer zu dieser Geschichte nicht vergessen: Peter Krumeich, war er es doch, der eigentlich den Auslöser für diesen Rückblick gab. Auch war er nachher behilflich Formulierungen zu finden, die den Zusammenhang besser und neutraler darstellen.

Ich will es auch nicht versäumen, den Akteuren, freiwillig oder unfreiwillig, die im Laufe meines Gummilebens meine Arbeit mit gestaltet, ja, erst möglich gemacht haben, die Laboranten bei der Conti, bei KACO und bei Parker und nicht zuletzt den Sekretärinnen, zu danken.

Zu guter Letzt sei Dr. Manfred Achenbach erwähnt, der, wie Sie noch lesen werden, einen ganz wichtigen Part in meinem Gummileben spielt.

Viele, zumindest der Gummichemiker, finden, wenn sie richtig auch zwischen den Zeilen lesen, Parallelen zu ihrem Berufsleben. Wie überall gab es auch bei mir Höhen und Tiefen. Wenn die Höhen dominieren, bleibt ein schönes Gefühl nicht nur gute Arbeit geleistet zu haben, sondern auch der Dankbarkeit, denn dann überwiegt die Freude. Mir jedenfalls hat es Spaß bereitet.

INHALT

KAPITEL 1

Wie alles begann ...

1

Ende der sechziger Jahre, als die Arbeitswelt noch in Ordnung war und die Industrie sich mit Hochschulabgängern eindeckte, hatte ich gerade das Chemiestudium mit der Promotion abgeschlossen. Denn ein Chemiker ohne Titel galt in diesen Zeiten nichts. Ja, das böse Wort „Aber einen Doktor Graz oder Doktor Innsbruck (das heißt einen in zehn Semestern durchs Studium Geeilten) wollen wir nicht".

Die Arbeitswelt war noch gierig auf Ausgebildete und so hatte ich auf die ersten Stellungsgesuche über die Nachrichten aus der Chemie, ein Organ der GdCh, bei der jeder Chemiker nach dem Vordiplom fast zwangsläufig Mitglied wurde, gleich fünfzehn Anfragen, zumeist aus der Gegend nördlich des Weißwurstäquators. Als Anorganiker mit den Weihen der Radiochemie und der Kristallographie versehen hatte ich nur zwei Analytikerangebote und das eine aus dem Land aus dem ich herkam und wo ich studiert hatte, dem Saarland. Die Neunkircher Hütte, mittlerweile abgerissen und völlig demontiert, suchte einen Analytiker und bestellte mich zu Rosenmontag ein (nicht nur in NRW z. B. bei Bayer undenkbar, auch das Saarland hatte damals seine Rosenmontagsumzüge), nicht um meine zukünftige Arbeitsstätte zu beschreiben, nein, um mich zu prüfen, ob ich während des Studiums auch alles das gelernt habe, was für diesen Job wichtig ist. Gehässig wäre es zu bemerken, dass diese Einstellung sicherlich ein Markstein zum Untergang der Firma war.

Das andere Angebot kam von der Kali-Chemie in Hannover. Die suchte für ihr Werk in Bad Hönningen einen Chemiker, der in der Röntgenfluoreszenzanalytik bewandert war. Also machte ich mich auf in Richtung Koblenz. Sehr schnell wurden wir handelseinig und für mich waren die Fleischtöpfe meines elterlichen Hauses mit zwei Stunden Autofahrt in greifbarer Nähe. Es fehlte nur noch der Segen der Kali-Chemie Zentrale in Hannover. Hiermit begann nun meine Deutschlandtournee über Frankfurt, Hannover, Hamburg, Rheinhausen, Leverkusen und zurück. Mit der Gewissheit, dass mein Arbeitsplatz schon feststand, konnte ich natürlich entsprechend sicher auftreten.

Aber alles kam anders als ich dachte und dies nur eines kleinen Accessoires wegen, auf das zur damaligen Zeit bei Vollakademikern, wie ich auch weiterhin erfahren musste, besonderer Wert gelegt wurde: Die Krawatte. Der verabredete Termin mit der Kali-Chemie in der Hans-Böckler-Allee war montags morgens um 10 Uhr s.t.

Sonntagsabends stellte ich fest, dass ich keine Krawatte dabei hatte. Unbedarft, weil jung und diesbezüglich unerfahren, wollte ich am nächsten Morgen eine Krawatte kaufen (Heute würde ich mir, aber nur wenn es unbedingt nötig wäre, eine solche beim Pförtner oder im Hotel ausleihen). Das Schicksal nahm seinen Lauf, denn montags machten die Geschäfte in Hannover erst um halb zehn auf. Also blieben zwei Möglichkeiten, entweder mit Krawatte und zu spät, oder ohne, dafür aber pünktlich. Ich wählte letztere und entschied damit meinen weiteren Lebensweg.

Herr Dr. Heyda, seines Zeichens Vorstandsvorsitzender, alter Herr einer schlagenden Verbindung, zweifach gezeichnet, sah vor allem die fehlende Krawatte. Das Gespräch war daher nur kurz und mit der Maßgabe „Sie hören von uns" wurde ich entlassen. Ich war, wie später von dem Stelleninhaber meines anvisierten Arbeitsplatzes, der auch aus Saarbrücken kam, zu erfahren war, durchgefallen. Ein Essensbon für die Kantine, es gab Linseneintopf, sollte mich zusammen mit den Reisespesen entschädigen.

Nun einmal in Hannover nutzte ich die Gelegenheit den von mir geschickt platzierten Termin um zwei Uhr nachmittags bei der Conti wahrzunehmen. Von Gummi und speziell von Reifen hatte ich keine Ahnung, aber ich war gewillt hinzu zulernen. Als ich dann erfuhr, dass Conti ein Zweigwerk in Saargemünd betreibt, war mein Interesse geweckt und ich sagte eine wohlwollende Prüfung des Vertrages zu (so ändern sich die Zeiten!). Die lange Vorrede auf ein kurzes Statement gebracht:

Ich kam zur Gummiindustrie, nur weil ich zu einem Vorstellungsgespräch ohne Krawatte angetreten bin.

KAPITEL 2

Lehrjahre in Forschung und Entwicklung

Kennen lernen einer Fabrik

Am 1. Juni 1969 fing ich also „auf er Conti“ (den Slang muss ich noch lernen) in der ACF = Angewandten Chemie Forschung unter der Leitung von Dr. W. Eckelmann (Bild 1) an. Zunächst einmal musste ich lernen mich in den Katakomben des riesigen, 1939 gebauten Conti Reifenwerkes zu bewegen. Wege erfasst man am besten, wenn man sie quasi regelmäßig abläuft, wie den Weg zur Kantine. So fand ich mich also recht schnell im großen Kautschuk- und Chemikalienlager zurecht. In den Gebäuden befand sich auch die Wareneingangsprüfung. Beeindruckend waren die riesigen Mengen an eingelagerten Kautschuken. Zum ersten Mal sah ich hier eine Sammlung von Kleidungsstücken, Messern, Scheren, Handfeger aber auch Resten von Tieren, die insbesondere in den Naturkautschukballen gefunden wurden. Bedenkt man, dass in dieser Zeit täglich ca. 600 t Mischungen hergestellt wurden, dann wird auch klar warum in der Umgebung fast alle Scheunen für die Lagerung von Rohkautschuken angemietet waren. Da bestimmte Kautschuktypen, unter anderen Naturkautschuk die unangenehme Eigenschaft haben, bei tiefen Temperaturen erheblich und dauerhaft zu kristallisieren, mussten die Ballen vor der Verarbeitung mindestens 72 Stunden in einer Wärmekammer bei ca. 80 °C gelagert werden.

Bild 1: Herr Dr. W. Eckelmann, links, gratuliert Herrn W. Behr zum Arbeitsjubiläum

Die für einen analytischen Chemiker völlig neuartigen Analyse- und Prüfmethoden faszinierten und die mir zugedachte Einführung in die einzelnen angewandten Messverfahren half mir im späteren Gummileben etliche Hürden bei der Wareneingangsprüfung zu überwinden.

Die zweite wichtige Kennen-lernen-Station war der Mischsaal. Verpackt in Arbeitskleidung durfte ich dann an verschiedenen Stationen durch Zusehen lernen, wie aus ca. zehn Chemikalien und Zubereitungen eine schwarze, klebrige walzbare Masse entstand. Über Förderbänder wurde der Kautschuk in die Kneteröffnung eingeführt. Ruß wurde automatisch zudosiert und der Weichmacher wurde, wenn nötig vorgewärmt, eingespritzt. Alle anderen Zutaten wurden über die Bandwaage in den Kneter eingefüllt, die Klappe geschlossen und der Stempel gesenkt. Nach jeweils ca. vier Minuten wurde der Klappsattel am unteren Teil des Kneters geöffnet und die Mischung fiel auf ein Walzwerk.

Wie jedem Neuen wurde auch mir die Wette um einen Kasten Bier (in der Industrie übliche Währung für einen Gefallen) angetragen, dass ich nach bester und gründlichster Reinigung immer noch Mischsaalruß mit mir 'rumtrüge. Natürlich nahm ich die Wette an. Nach der Schicht habe ich mich mit einer bisher nie angewandten Sorgfalt mit Seife und einem sehr weißen aber trotzdem klebrigen Naturkautschukfell - Crêpe - abgerubbelt und in dem Spiegel alle Körperteile einer genauen Inspektion unterzogen. Ich war mir sehr sicher, die Wette gewonnen zu haben, jedoch habe ich sie, wie jeder Neue, verloren ... Zwei Stellen waren schwarz, welche? Nun die Mischsaalleute verdienen für ihre Betreuung nicht nur ein Lob, sondern auch das Bier. Deshalb wird nichts verraten.

Die Kneter erhoben sich über drei Stockwerke. In der obersten Etage waren die Bunker und Zuführungen für Ruß und weitere Zuschlagstoffe, in der mittleren die Beschickung und in der unteren der Auswurf, meist in Klappsattelform. Die Mischung fiel auf ein 80" Walzwerk und wurde vom Bedienpersonal zur Kühlung und Homogenisierung „geschnitten" und dann in Form eines Streifens über Förderbänder oder Rollen meist einem zweiten Walzwerk zugeführt und dann auf die unterschiedlichste Weise für die Lagerung bearbeitet. Es wurden z. B. Streifen abgezogen, durch ein Trennbad geführt, in handliche Stücke gehackt und auf Haken einer riesigen Rundlaufanlage zum Trocknen und Kühlen aufgehängt. Ein weiteres Verfahren bestand darin die Streifen einem Pelletizer zuzuführen, der die Mischung zu kleinen Würstchen verarbeitet, die dann in großen Tanks gelagert werden können. Hierbei ist insbesondere bei Fertigmischungen auf die thermische Belastung zu achten. Denn wenn die Mischung im Pelletizer anspringt und dessen E-Motor genügend Power entwickelt, wird man gewahr, dass Gummi inkompressibel ist (bis zu einem gewissen Druck ist dies in erster Näherung anzunehmen), dann nämlich reißt es den Pelletizer aus den Fundamenten und verschiebt ihn soweit, wie die Schnecke Platz für neues Mischungsvolumen benötigt.

Auf dem Weg in den Mischsaal lief ich regelmäßig durch das Technikum und konnte mich schon einmal mit dem Reifenwickeln vertraut machen. Dabei war in diesen Jahren der Stahlgürtelreifen bei Conti noch in der Entwicklung, während der meistgebrauchte Reifen ein Diagonalreifen, 5.60 x 15, für den VW Käfer war. Die einem Fass ähnlichen zylindrischen Rohlinge mit einer Verdickung in der Mitte, der Lauffläche und Wulsten an beiden Enden, die die Stahldrahtkerne umhüllten, wurden erst in der Presse zu Reifen geformt. Dabei wurde einerseits durch Zusammenfahren der Formenhälften der Zylinder gestaucht und andererseits durch einen mit Heißdampf beaufschlagten Heizbalg (Bladder) in der Mittelzone gedehnt (Bild 2). Die Vulkanisationszeit betrug bei mittleren Reifengrößen im Sommer acht, im Winter zehn Minuten, weil die Reifenrohlinge im Winter viel kälter waren. Eine klimatisierte Fabrik war damals undenkbar.

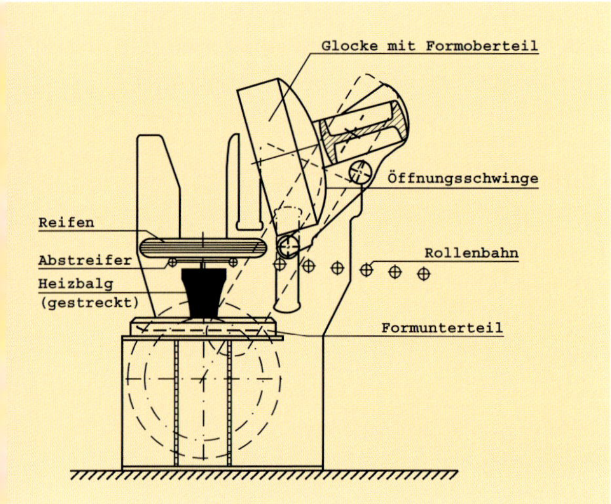

Bild 2: Balgheizer, mit vulkanisiertem Reifen

Natürlich hat eine solche Fabrik ein eigenes Kraftwerk. Wie gut daher, dass sie direkt an den Mittellandkanal grenzt und somit die Zufuhr von Kohle per Schiff keine größeren Probleme aufwarf. Krankenstation und Feuerwehr sind selbstverständlich, eine eigene Bibliothek in der Nähe der Universität wiederum nicht. Diese Bibliothek mit all ihren gummispezifischen Publikationen konnte ich bis heute nutzen, den Bibliothekarinnen sei Dank!

Erste Entwicklungsarbeiten

Soweit der Einblick, den ich in den ersten drei Wochen genießen konnte. Doch nun begann die eigentliche Gummilehre. Zur Einstimmung und zum Begreifen der Wechselwirkungen zwischen Kautschuk und Füllstoff musste ich als erste Aufgabe je eine Stopfungsreihe mit aktivem und inaktivem Füllstoff herstellen lassen; ans Walzwerk durfte ich damals selbstverständlich noch nicht. Natürlich brauchte ich für die Mischungen eine Kennzeichnung. Üblich war für jedes Projekt eine mit diesem inkrementierende Ziffer den Kürzeln aus Vor- und Nachnamen voranzustellen und daran anschließend die Mischungen durchzunummerieren. Folgerichtig hatte dann mein erstes Projekt die Kennzeichnung „1GS/1-9“. Wie viele Mischungen pro Projekt entwickelt und hergestellt werden, ist ganz unterschiedlich. Manchmal reichen sogar nur zwei, andererseits gibt die Mischungsbezeichnung, die ich später einmal bei einem Kollegen in einem Nicht-Reifenprojekt mit 1439A bemerkte, die Problematik der Mischungsentwicklung wieder. Auch die Anzahl der Projekte in einem Gummiarbeitsleben ist begrenzt. So habe ich bis heute 299 Projekte bearbeitet und werde meine Laufbahn mit dem 300. beschließen. Doch zurück zu den Stopfungsarbeiten, bei denen ich zunächst einmal die bei der Mischungsentwicklung angewandten Prozentsätze lernte. Sicherlich sind Gewichts- und Volumenprozente der einzelnen Mischungsbestandteile für bestimmte Berechnungen wichtig, jedoch gibt schon die Bezeichnung „phr = per hundred rubber“ an, wie in der Gummiindustrie Rezepturen betrachtet werden. Natürlich müssen alle Chemikalien, seien es Vernetzungsmittel, Aktivatoren oder Alterungsschutzmitttel auf den Stoff bezogen werden, mit dem sie reagieren oder den sie vor Angriffen schützen sollen. Bezogen auf 100 Teile Kautschuk ist der Zusammenhang offensichtlich und jedem Mischungsentwickler sofort klar. Auch bei Änderungen einzelner Stoffe in Menge und oder Art können

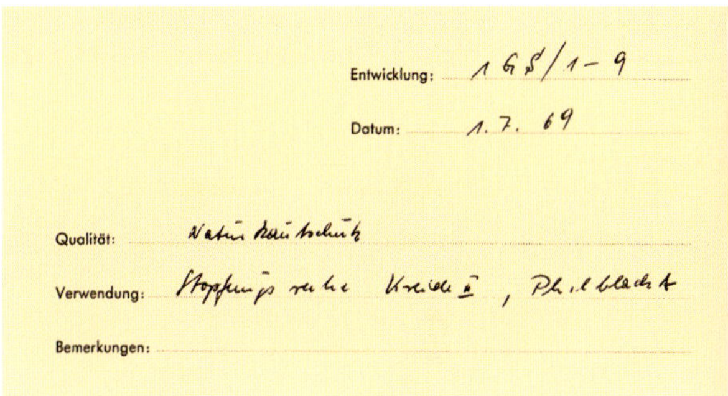
Entwicklung: 1GS/1-9
Datum: 1.7.69
Qualität: Naturkautschuk
Verwendung: Stopfungsreihe Kreide, Philblack
Bemerkungen:

Bild 3: Erstes Projekt

alle anderen Mischungsbestandteile so weitergeführt werden, während bei Angaben in Gewichtsprozenten gleich alle Bestandteile neu berechnet werden müssen. Dies bedarf allerdings im Computerzeitalter, wenn man ein logisches und vernünftiges Programm hinsichtlich der Rundungen hat, nur eines Mausklicks. Dieses Rundungsprogramm hat bei der Hochrechnung von Mischungsmengen auf das Knetergewicht besondere Bedeutung, denn hier muss die Wägegenauigkeit und der Einfluss der Menge auf das Eigenschaftsbild des Werkstoffes sinnvoll abgestimmt werden. Als die PCs Einzug ins Labor hielten, habe auch ich solche Programme entwickelt, die die Rezepturen auf insgesamt sieben verschiedene Weisen darstellten (nach Gewicht, Volumen, Kneterfüllung, Preis etc.).

In der Stopfungsreihe ließen sich von der Kreide gut und gerne 500 Teile auf 100 Teile Naturkautschuk, Sheets nicht mastiziert, einmischen, während bei Philblack A einem ASTM N550 Ruß, schon bei 100 Teilen eine hochviskose, harte Mischung entstand. Um nun die Wechselwirkungen zwischen Füllstoff und Kautschuk näher zu betrachten, wurde der Kautschuk aus der Mischung im Soxhlett mit Benzol extrahiert (war damals noch möglich) und siehe da, während bei den Kreidemischungen der Kautschuk völlig in Lösung ging, blieb bei den Rußmischungen ein Anteil des Kautschuks zurück, der durch Chemiesorption an den Ruß gebunden war, der so genannte „bound rubber" [1].

Grundlagen für einen Mischungsentwickler

Nachdem der Einstieg überstanden war, durfte ich mich nun den eigentlichen Aufgaben der ACF (Angewandten Chemie Forschung) zuwenden. Die erste Arbeit behandelte die unterschiedlichen EPDM-Typen, die auch für die Seitenwände bei Reifen auf Grund der besseren Ozonbeständigkeit gegenüber C4 bzw. C5-Kautschuken interessant waren. Während meines gesamten Compounderdaseins kamen mir immer wieder Probleme unter, die sich am besten mit EPDM-Typen lösen ließen, so auch eine der letzten Entwicklungen für eine Automobilanwendung in Bremsflüssigkeit. Weitere Arbeiten mit den damals aufkommenden Füllstoffmodifkatoren waren ebenfalls eine gute Ausgangsbasis für einen Compounder.

In der ACF arbeiteten damals mehr als zehn Chemiker, die alle mit bestimmten Projekten betraut waren. Das Mitteilungssystem ermöglichte es an allen Projekten teilzuhaben. Ja mehr noch, regelmäßig fanden Kolloquien statt, bei denen auch die in der Produktion tätigen Chemiker zugegen waren, ihre Probleme schilderten und zu den Vorträgen der Forscher Fragen die ihre Prozesse betrafen, stellten.

Vulkametrie

In den sechziger Jahren beteiligte sich das Scheele Institut an der Universität Hannover an der wissenschaftlichen Beurteilung der Vernetzungsreaktionen in Kautschukmischungen und viele der Scheele Schüler arbeiteten dann „auf 'er Conti". Gerade recht hierzu kam auch das Vulkameter, welches Herr Dr. J. Peter [2] (zusammen mit Herrn Heidemann) damals noch bei Bayer und später im Conti-Vorstand, entwickelt hatte (Hier sei auf sein Buch „100.000 Stunden Gummiindustrie" hingewiesen [3]). Die Messung der Vernetzungsreaktion bei verschiedenen Temperaturen vereinfachte sich damit erheblich. Die Methode wurde auch zu einer DIN Prüfmethode [4] erhoben, an deren Erstellung Continentäler aus der ACF maßgeblich beteiligt waren. Die Vulkameter wurden zum wichtigsten Werkzeug für die Mischungsentwickler. Um nun aber die Kurven auch richtig auswerten zu können, wurden Programme entwickelt mit deren Hilfe auch anisotherme Reaktionsführungen beschrieben werden konnten. Die Computer-Hardware war damals vielleicht gerade den Kinderschuhen entwachsen, bot aber nicht das was heute schon mit programmierbaren Taschenrechnern möglich ist. Die so genannten Doppelschriebkurven wurden von Hand ausgewertet und in ein Protokoll übertragen. Auswertungen von meterlangem Schreiberpapier war eine tägliche Aufgabe. Die Protokollblätter wurden mit hausinterner Post an den Lochkartensaal geschickt, um die Lochkarten zu erstellen und diese an die IBM 1178 weiterzuleiten. Nach einigen Tagen war die Auswertung erstellt und per Post mit den Lochkarten wieder eingetroffen. Ich erinnere mich, dass bei meinem Weggang ein Büroschrank gefüllt mit Lochkarten in Vahrenwald stand. Die Vulkametrie hat mich in allen Stationen begleitet und war ein wichtiges Werkzeug. Die Auswertung der Daten hat mich dann später dazu veranlasst, eigene Programme zu schreiben, diese zu veröffentlichen, ja, auch Diplomarbeiten unter meiner Betreuung befassten sich mit der Auswertung und der Programmerstellung [5-7], wobei die moderneren Programme bei Parker aus der Feder von Dr. M. Achenbach stammen. Auch hierzu gibt es eine Veröffentlichung [7]. Dieses Programm war so erfolgreich, dass man in nunmehr kommerziell erhältlichen Produkten Strukturen daraus wiedererkennen kann. Wie auch immer, die Vulkametrie hat mich das ganze Gummileben begleitet.

KAPITEL 3

Lehrjahre an der Front

All dies war eine gute Vorbereitung für den Job, der natürlich auf jeden neuen Chemiker zukommt: Die Arbeit an der Front in den einzelnen Betrieben. Doch bevor mir das angeboten wurde, war noch die Hürde des Grundlehrgangs Kautschuktechnologie zu nehmen. Dieser Lehrgang über einen Zeitraum von drei Monaten, den alle neu eingestellten zukünftigen Manager absolvieren durften bzw. mussten, führte in das Produkt Gummi ein und erläuterte den Maschinenpark und die angewandten Fertigungsmethoden des Konzerns, also neben Reifen auch die für technische Artikel. Mit Testat und Teilnehmerbild wurde ich im Juli 1970 (Bild 4), für den Fronteinsatz für tauglich erklärt und hatte das Glück im November 1970 in die „Reifenchemie" in Vahrenwald zu wechseln. Hier nun kam ich unter die Fittiche von „Nicht verzagen - Judas fragen" und hatte einen hervorragenden Lehrmeister. Chemische Betriebsbetreuung und Entwicklung von Mischungen für Reifenzubehör und Reifenfertigung waren die Aufgaben dieser Abteilung. Mischungen für die Reifenfertigung betrafen Butylmischungen mit Harz-Vernetzungssystem für Heizbälge und Heizschläuche. Mischungen für Teilheizschläuche wurden dem Sortiment der Reifenmischungen entnommen, weil diese Heizschläuche wie ein Reifen mit Innenseele, diesmal Wasser- und Heißdampf beständig, Karkasse und Deckschicht aufgebaut waren. Für die Reifenaufbaumaschinen wurden hochflexible Naturkautschukmischungen eingesetzt. Mischungen für Reifenzubehör betrafen Schläuche für Auto- und Flugzeugreifen und Wulstbänder für Felgen, so genannte Flaps.

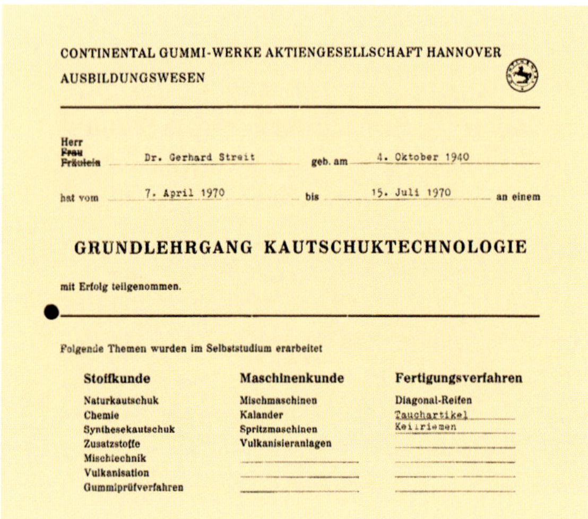

CONTINENTAL GUMMI-WERKE AKTIENGESELLSCHAFT HANNOVER
AUSBILDUNGSWESEN

Herr ~~Frau~~ ~~Fräulein~~ Dr. Gerhard Streit geb. am 4. Oktober 1940

hat vom 7. April 1970 bis 15. Juli 1970 an einem

GRUNDLEHRGANG KAUTSCHUKTECHNOLOGIE

mit Erfolg teilgenommen.

Folgende Themen wurden im Selbststudium erarbeitet

Stoffkunde	Maschinenkunde	Fertigungsverfahren
Naturkautschuk	Mischmaschinen	Diagonal-Reifen
Chemie	Kalander	Tauchartikel
Synthesekautschuk	Spritzmaschinen	Keilriemen
Zusatzstoffe	Vulkanisieranlagen	
Mischtechnik		
Vulkanisation		
Gummiprüfverfahren		

Bild 4: Grundlehrgang

Wulstbänder und Werksarzt

Wer schon einmal Fahrradschläuche geflickt und wieder montiert hat, kennt die Qualität der Flaps. Nun, sie bilden ja nur eine weiche Unterlage für die Schläuche und sollen verhindern, dass diese an den Speichenköpfen schamfilen (Ausdruck aus der Seefahrt). Das gleiche gilt für die Wulstbänder insbesondere auf Lkw-Felgen. Hier liegen die sehr dünn auslaufenden Lippen der Wulstbänder auf den Reifenwülsten, die mit ihren Metallkernen für einen festen Sitz auf der Felge sorgen. Die Mischungskosten bei diesen Felgenbändern werden durch Einsatz von SBR-Laufflächenkautschuken und einem sehr kostengünstigen Schwefelvernetzungssystem niedrig gehalten. Teure Alterungsschutzmittel gegen Verhärtung der dünnen Lippen können nicht eingesetzt werden und damit beginnt das Dilemma gerade bei den hochflexiblen Radialreifen. Die dünn auslaufenden Lippen der Flaps verhärten relativ rasch und schneiden dann bei Bewegung der Wulstzehen in den Schlauch. Die Folge ist Luftverlust und bis der Lkw-Fahrer dies bemerkt hat, ist der Reifen zerstört. In den siebziger Jahren sah man des öfteren auf dem Randstreifen der Autobahnen Teile von LKW-Laufflächen. Zum Teil lag dies an den Wulstbändern. Besonders ärgerlich für den Transporteur war ein solcher Defekt am Wochenende mit verderblicher Fracht in Containern. Dies führte nun zur ersten meiner großtechnisch eingesetzten Mischungsentwicklungen und letztendlich zur Konfrontation mit der Werksärztin.

Wulstbandfertigung

Für die Herstellung der Wulstbänder wurde zunächst die Mischung auf einem 84" Walzwerk homogenisiert und plastiziert um dann durch einen Schneckenextruder geschickt zu werden, der daraus rechteckige Rohlinge herstellte. Dabei gab es immer wieder Probleme, weil die Mischung schon in der Schnecke ansprang. Diesem Phänomen galt es auf den Grund zu gehen. Da dies vorwiegend in der Spätschicht auftrat, stattete ich der Fertigung spät abends (ohne weißen Kittel) einen Besuch ab. Zu meinem Erstaunen musste ich feststellen, dass in diesem Fall die Mischung sehr gut auf der Walze lief und die Rohlinge bei niedriger Schneckendrehzahl und geringerer Abzugsgeschwindigkeit glatte Kanten aufwiesen. Die thermische Belastung in der Spritzmaschine war eben geringer als bei vorgesehenen

Spritzgeschwindigkeiten. Bald wurde mir klar, warum die Mischung auf der Walze so gut lief. Bei jeder neuen Charge auf dem Walzwerk gab der Werker zwei Becher Wasser der Mischung hinzu, die er aus dem offenen Rücklauf der Walzenkühlung entnahm. Nun wäre dies im Prinzip eigentlich nicht zu beanstanden, denn das Eigenschaftsbild der Wulstbänder wurde hierdurch kaum verändert. Jedoch wird die Scorchzeit des Systems erheblich verkürzt, was die zum Teil angesprungenen Rohlinge, die dann in der Form nicht mehr richtig ausfließen und zum anderen die teilweise auftretenden Blasen im Vulkanisat, erklärt. Den Werkern wurde also verboten Wasser in die Mischung beim Vorwärmen zu geben. Um dies durchzusetzen, wurde der Rücklauf des Kühlwassers mit einer metallnen Haube versehen und diese angeschraubt. Die Fehlerquote ging zwar zurück, aber ab und zu hatten wir doch wieder „verbrannte" Rohlinge. Es bedurfte mehrerer nächtlicher Inspektionen bis wir die Ursache herausfanden. So bemerkte ich eines Abends, gerade noch in der Tür stehend, wie der Werker in hohem Bogen die Mischung auf der Walze netzte, wobei diese Flüssigkeit noch stärker beschleunigend auf die Mischung einwirkte als das Kühlwasser.

Merke: Es ist nicht vorhersehbar, auf welche Ideen Menschen kommen um sich das Leben zu erleichtern.

Ähnliche Fälle der Arbeitserleichterung habe ich immer wieder und zur Genüge im Laufe der Zeit erlebt. Die abgelagerten Rohlinge wurden schräg gelängt, so dass die Zusammensetzstelle über den Umfang verlaufen konnte. Die Rohlinge wurden in ein Reservoir in der Form eingelegt und beim Zufahren der Formenoberhälfte in die eigentliche Form hineingepresst. Nach Ablauf der Heizzeit wurden die heißen, noch dampfenden Wulstbänder aus der Form entnommen und die Austriebe von Hand abgezupft.

Wulstbandmischung

Aber der Reihe nach: EPM- und EPDM-Werkstoffe haben hier große Vorteile, wenn sie peroxidisch vernetzt werden und praktisch keine Verhärtung erfahren. EPM-Kautschuk war der billigere und somit das Polymer der Wahl. In den Anfangszeiten der Peroxidvernetzung bei EP-Kautschuken wurde Schwefel als Aktivator eingesetzt (im Nachhinein hat man gut argumentieren, dass diese Kombination zu geruchsstarken Verbindungen führt). Die Wulstbänder aus diesem Werkstoff waren zwar immer noch zu teuer, aber die Schlauchprobleme hörten schlagartig auf. Auch Michelin stellte zu dieser Zeit Wulstbänder aus EP-Kautschuken her. Die Produktion lief gerade in den ersten Wochen, als die Werksärztin mit dem Wunsch auf mich zukam, die Rezeptur drastisch zu ändern. Ein Problem war in der Produktion aufgetreten, nicht am Produkt, aber an den Produzenten. Die bei der Vulkanisation auftretenden stark riechenden Umsetzungsprodukte mit Schwefel lagerten sich insbesondere auf der Haut und dort in den Poren offensichtlich besonders gerne bei den in der Vulkanisation beschäftigten Damen ab. Und so beschwerten sich diese bei der Werksärztin, dass Friseure sich weigerten ihnen die Haare zu frisieren, denn unter der Dauerwellenhaube verdampften die Schwefelverbindungen wieder und erzeugten im Friseursalon einen unerträglichen Geruch. Die Schuldigen waren leicht und sehr schnell auszumachen. Nun ja, eins hatte ich an der Front ganz schnell gelernt, durch Zuwarten werden die meisten Probleme gelöst und so tat ich zunächst gar nichts. Wie man solche Geruchsprobleme geschickt löst, habe ich später praktiziert. In diesem Fall half Zuwarten nichts, nach weiteren drei Wochen erschien die Werksärztin wieder mit der Drohung nunmehr die Verarbeitung dieser Mischung Kraft ihres Amtes zu verhindern, wenn nicht umgehend die Rezeptur geändert würde. Denn nicht nur, dass die Haarkünstler sich weigerten die Damen zu frisieren, auch die Ehemänner verweigerten die Bettgenossenschaft bedingt durch den neuerdings den Damen anhaftenden Geruch.

Das Problem wurde auf eine ganz andere Weise gelöst. Durch die Einführung von Chlorbutyl-Innenseelen bei den Reifen wurden keine Schläuche mehr benötigt und somit auch keine Wulstbänder mehr. Dies hatte allerdings die Entwicklung der mit Naturkautschuk- oder Polybutadienmischungen covulkanisierbaren Chlorbutylmischungen zur Voraussetzung.

Autoschläuche

Eine der Autoschlauchproduktionen war in Vahrenwald. In den siebziger Jahren wurden am Tag mehrere Tonnen Mischung verarbeitet. Die schwefelvernetzbaren Butylmischungen - Basisrezepturen sind in jedem Butylhandbuch [8, 9] angegeben oder beim Polymerhersteller oder im Internet zu erhalten - wurden in Stöcken hergestellt und per Lkw nach Vahrenwald verfrachtet.

Mischungen

Butylkautschuk gehört zu der Sorte, die bei niedrigen Temperaturen verhärten und deshalb vor dem Mischen in einer Wärmekammer aufgetaut werden müssen. Geschieht dies nicht in ausreichendem Maße, sind in der fertigen Mischung Klumpen von rein weißem, unvermischten Butylkautschuk, so genannten Kinderköpfen, enthalten, die nur schwer durch Strainern und Nachmischen in der Mischung homogenisiert und gleichmäßig verteilt werden können. Was sonst noch alles an Fremdkörpern in der Mischung zu finden war, kam spätestens am Schlauchspritzkopf zum Vorschein. So wurde ich eines Tages gerufen, als Zähne deutlich sichtbar aus dem frisch gespritzten Schlauchrohling herausragten. Die telefonische Nachfrage im Mischsaal, ob ein Werker vermisst wird, brachte die Auflösung, dass dem Kneterführer beim Husten das Gebiss in den offenen Kneterschacht gefallen war.

Die Viskosität der Mischungen, eigentlich das Spannungs-Dehnungsverhalten, sollte möglichst gleichmäßig sein und in einem engen Toleranzband liegen. Die Produzenten hatten ein Gefühl dafür, wenn die Mischung zu „stramm“ war und haben dies dann regelmäßig bei uns, der Chemie-Betreuung, reklamiert. Dabei wurde ein Mischungsstreifen bis zum Bruch gedehnt. Das Auseinander ziehen bis zu einem dünnen Faden, der dann riss, galt als Qualitätsmaß. Riss der Streifen allerdings schon bei kurzer Dehnung, galt die Mischung als zu stramm oder im Produzentenjargon: „Die Mischung ist zu kurz“. Dem war an sich einfach abzuhelfen. Beim Widerholungstest verwickelte man den Reklamierer in ein Gespräch und wärmte in der Zeit den Streifen in der Hand vor. Zur Verblüffung war die Mischung nun nicht mehr „kurz“ sondern verhielt sich ganz normal. Ungläubig den Kopf schüttelnd verließ der Produzent das Büro. Ganz klar, die Schläuche waren zu kalt und setzten daher der Verformung eine für die weitere Verarbeitung zu große Kraft entgegen. Dies war natürlich eine ganz perfide Antwort auf die genau gleich perfide Auskunft „wir haben nichts geändert, alles ist wie immer, nur die Mischung nicht“.

Sibirien

Zu jener Zeit wurde ein Großauftrag an Schläuchen für dreiachsige Lkw für Sibirien geordert. Bei Temperaturen unter -40 °C wurde das Vulkanisat lederartig und stellte bei der Walkarbeit des Reifens nicht mehr schnell genug nach einer Verformung zurück. Es bildeten sich im eingebauten Schlauch Falten, die bei weiterem Walken rissig und damit undicht wurden. Deshalb wurde eine Mischung mit einem tieftemperaturflexiblen Weichmacher entwickelt. Die bessere Eignung musste dann mit entsprechenden Laborversuchen nachgewiesen werden. Die Größe der Bruchdehnung in Abhängigkeit von der Temperatur diente als Gütemaß [10]. Wenn auch schon damals bessere Methoden zur Beschreibung des Tieftemperaturverhaltens [11] zur Verfügung standen, so ist es doch erst heute mit einem geringeren Aufwand möglich, mit Hilfe der Finite Element Analyse, FEA, [12] das Problem am Rechner zu beschreiben und Lösungswege virtuell aufzuzeigen.

Interessanterweise wird die Arbeit bei Temperaturen unter -45 °C in Sibirien eingestellt. Denn nicht nur die Räder hatten Probleme, auch der für den Lkw-Aufbau und die Ladegeschirre der Bagger und Kräne verwendete Stahl wurde bei diesen Temperaturen spröde. Also ruhte die Arbeit, bis die Temperaturen wieder über die magische Grenze anstiegen (hier ist ein Unterschied um 5 °C zu den Forderungen der westlichen Automobilindustrie zu bemerken). Die ausgekühlten Fahrzeuge sprangen natürlich nicht an. Deshalb stellte man eine Büchse mit brennendem Diesel unter den Motor und wartete, bis dieser so weit aufgeheizt war, dass er beim Starten auch gleich ansprang.

Mischungsfreigabe

Im Laufe der Jahre habe ich dann an mehreren Conti-Lehrgängen teilgenommen, wobei die kaufmännisch orientierten für mich weniger interessant waren als die mehr technischen, was ein Fehler war. Hier sprachen insbesondere die Statistiklehrgänge, die zum Verständnis der Qualitätssicherung beitragen sollten, meine mathematische Ader an. Die Statistik sollte meinen Arbeitsweg bis in die letzten Tage begleiten. In der Zwischenzeit war ich auch zum Leiter der „Chemischen Technologie Reifen Vahrenwald" avanciert, da mein Lehrmeister, Herr Dr. Gerd Judas, das neu zu bauende Reifenwerk in Brixen leiten sollte. Aber es kam völlig anders. Hier sieht man, welche Einflüsse die Energiekrise neben dem Wechsel von Diagonalreifen auf Radialreifen [16] hatte.

Nun waren also die Grundlagen geschaffen, die Mischungsfreigabe der Autoschlauchmischung zu revolutionieren. Denn es war schon eine kleine Revolution, den Weg der Mischungsfreigabe über Vulkameterkurven und Vulkanisatprüfung ausschließlich auf Vulkameterprüfung umzustellen. Auch waren die Kollegen dagegen, weil die Vulkameterschnellprüfung bei 190 °C und zwei Minuten Messzeit auf einen damals für die Produktionsfreigabe eingesetzten Monsanto 100 nach Ansicht der Puristen keine kinetischen Aussagen zuließ, sondern nur die Unterscheidung vulkanisiert oder nicht ergab. Nach Aussagen des obersten Entwicklungschemikers könnte man dann auch drauf beißen und die Entscheidung „gut" oder „schlecht" an Hand des Zahnabdrucks fällen. Der Gummizahn war also nicht nur in Wimpassing [13] bekannt. Allen zum Trotz machte ich mich auf, zunächst einmal die vorhandenen Freigabezahlen zu sichten und mit dem neu erlernten Werkzeug der Statistik zu behandeln. So einfach wie dies heute mit Hilfe bestimmter Software geht, war es damals nicht. Wenn auch gummispezifische Auswertungen heute noch am besten mit dem selbst geschriebenen Programm vorgenommen werden [14], war damals Handarbeit gefragt. Die Vordrucke wie z. B. „ASQ Formblatt für statistische Auswertung" [15] waren sehr hilfreich, denn der zwar schon elektrifizierte Rechner mit Volltastatur und Papierausdruck war für einen großen Zahlenfriedhof ungeeignet. Die vorhandenen Werte aus der Vulkanisat- und Vulkameterprüfung wurden ausgewertet und es wurde versucht Korrelationen zu erstellen, was aber bis auf den Spannungswert und die Shore Härte nicht gelang. Betrachtet man jedoch den Einsatz des Vulkanisats, so ist seine wichtigste Funktion im Schlauch die Luft zu halten; und diese Aufgabe ist ziemlich unabhängig vom Vulkanisationszustand. Da der Schlauch im bestimmungsgemäßen Gebrauch (juristische Formulierung für die Abwendung ungerechtfertigter Reklamationen) von einem Festigkeitsträger, dem Reifen, umhüllt ist, ist auch Reißdehnung und Reißfestigkeit keine funktionsbestimmende Größe. Allenfalls der Spannungswert, der die zum Aufblasen notwendige Kraft bestimmt und der hinsichtlich elastischer Eigenschaften wie Rückstellung und bleibende Verformung bestimmend ist, ist ein Wert, der die Anwendung beeinflusst. Der Spannungswert ist auch ein Maß für die Anzahl der Verknüpfungsstellen pro Volumeneinheit, und genau dies wird bei der Vulkametrie gemessen, nämlich die Vernetzung des Kautschuks. Was lag also näher, als den Maximalwert aus der Vulkameterkurve als Maß für die Vernetzung zu nehmen. Gleichzeitig konnte man das Minimum als Maß für die Verarbeitbarkeit ansehen, so dass neben der Vulkanisatprüfung auch die damals übliche Defo-Prüfung entfallen konnte. Dies brachte neben der Verringerung der Prüfkosten auch einen zeitlichen Gewinn, denn nunmehr lagen die Freigaben auch immer rechtzeitig vor. Skeptisch verhielten sich die Kollegen immer noch und warteten auf den Reinfall. Das System jedoch funktionierte in diesem Fall. Allerdings werden heutzutage noch in den meisten Fällen bei der Batchfreigabe Vulkameterkurven und Vulkanisatzahlen erstellt. Hier sei die Frage erlaubt, ist das nötig? Mit den Möglichkeiten der computerisierten Bildanalyse zur Feststellung der Mischungshomogenität sicherlich nicht mehr. Das jedoch den Abnehmern und hier insbesondere der Automobilindustrie verständlich zu machen, ist ein schwieriges Unterfangen. Hier erlebt man auch heute noch, dass der Abnehmer „per ordre de mufti“ sogar im Nachhinein Grenzwerte festlegt, die der seit Jahren im Endprodukt eingesetzte Werkstoff nicht einhalten kann. Offensichtliches Unverständnis liegt dann vor, wenn Toleranzgrenzen voneinander abhängigen Werten wie Härte und Spannungswert aus dem hohlen Bauch heraus vorgegeben werden. Schlimm ist es, wenn einer, der die Fronten gewechselt hat, solche Vorgaben trotz besseren Wissens macht.

Schlauchfertigung

Ein Handicap der Schlauchfertigung bestand darin, dass die Produktion in verschiedenen Stockwerken ablief. Vielleicht aber lag zumindest in der Trennung von

Spritzerei und Talkierung der Vorteil, dass die Talkum belasteten Arbeitsschritte sicher abgetrennt waren. Zunächst wurde die Mischung replastiziert und einem Schlauchextruder zugeführt wobei das Schlauchinnere, um das Verkleben zu verhindern, „talkumiert" wurde. Die Wandstärken waren asymmetrisch gespritzt; der Schlauch wurde zunächst durch Umklappen des Spritzanfangs verschlossen, dann durch ein Kühlwasserbad gezogen und nach dem Durchlaufen des Bades sowie dem Abblasen des Restwassers über ein Förderband zu der Außentalkieranlage und zum Ablängen geführt. Die Schlauchstücke wurden nun in Buchwagen abgelegt. Da bis zum ersten Abschneiden der Schlauch geschlossen war und weiterhin Talkum mit Luft hineingeblasen wurde, musste der entstehende Überdruck abgelassen werden. Deshalb riss der Spritzmaschinenführer von Zeit zu Zeit mit dem Zeigefinger ein Loch in den noch warmen Schlauch.

Jede Schlauchgröße hatte unterschiedlich asymmetrisch dicke Wände und Schlauchlängen. Das eigentliche Problem bei der Schlauchfertigung war das stumpfe Zusammensetzen der beiden Schlauchenden. In den Buchwagen wurden mehrere Schläuche, die nunmehr zusammengefallen waren, mit der dickeren Seite nach unten gelegt, so dass die seitlichen Faltstellen möglichst nicht weiter verdrückt wurden. Dann wurde auf einer Maschine das Ventil aufgesetzt. Auf einem Arm wurde ein Loch in die dünne Wand eingestanzt, die talkumierte Oberfläche mit einer sich drehenden Bürste gesäubert und das Ventil mit seinem mit einem Kleber versehenen Ventilteller aufgesetzt und angepresst. Jetzt wurden die beiden Enden so in eine Maschine [17] eingelegt, dass ein gerade noch nicht geschlossener Ring entstand. Die beiden Schlauchenden wurden nun pneumatisch geklemmt, wobei das Profil über viele Klemmbacken so eingestellt wurde, dass an beiden Seiten die Faltstellen kaum verpresst wurden. Mit einem heißen Draht wurde an beiden Enden so viel abgeschnitten, dass die Schlauchenden im Millimeterbereich über die Klemmvorrichtungen hinausragten. Durch das Abschneiden mit einem heißen Draht wurde eine frische, nicht kontaminierte, klebrige Oberfläche geschaffen. Wichtig bei dem Durchschneiden war, dass der heiße Draht nur mit geringem Druck und dennoch schnell genug durch den Schlauch fuhr. Am Ende des Schnittes durfte an der Faltstelle keine „Fahne" entstehen. Dann wurden die beiden Schlauchenden so zusammengepresst, dass an den Faltstellen möglichst kein Talkum herausstaubte. Die so vorgefertigten Schlauchrohlinge wurden auf eine Halbschale aus Aluminium gelegt und automatisch bis zu einer Begrenzung aufgeblasen. Dabei war der Innendurchmesser durch die Halbschale fixiert und der Außendurchmesser durch einen Bügel, der ab einer gewissen Stellung das Ventil schloss, vorgegeben. Die Dehnung der dickeren äußeren Wand reduzierte nun die Wandstärke so, dass (wenn es geschickt gemacht wurde) der Schlauch rundherum in der Stärke gleichmäßig war. Das Aufblasen musste so langsam erfolgen, dass sich das Material dehnte ohne die Zusammensetzung zu schwächen. Nach der Vulkanisation wurden die Zusammensetzstellen von geschickten Frauenhänden auf eventuelle dünne Stellen abgefühlt (ich hätte da nie einen fehlerhaften Schlauch erfühlt). Und nun ist auch klar, warum die Produzenten „kurze Mischungen" reklamierten.

Chemische Betriebsbetreuung Reifen

Heizbälge und das Zyankali-Problem

Heizbälge dienen dazu großvolumige, hohle Teile mit Hilfe von Heißdampf (meist Sattdampf) oder Wasser in eine Form hineinzupressen. Das kann, wie bei der Reifen- oder Luftfederbalg-Fertigung dadurch geschehen, dass der Balg aus einem Brunnen mit Hilfe von Heißdampf von ca. 20 bar (=214 °C) in den Hohlraum eingepresst wird und so den Rohling in die Form drückt (s. Bild 2). Bei Keilriemen sind die Rohlinge mit der Innenseite in eine Form eingelegt und der Heizbalg presst die Rohlinge von außen in die Form. Eine Heizbalg-Größe kann für mehrere Reifengrößen verwendet werden. Dadurch sind die Balgdehnungen recht unterschiedlich. Dies beeinflusst die Lebensdauer der Heizbälge [18]. So können je nach Zuordnung zwischen 600 und 1400 Heizungen durchgeführt werden. Die Begutachtung der ausgefallenen Heizbälge brachte so manch unerwartetes Ergebnis zu Tage. Normalerweise aber ist der ausgefallene Balg an einer Stelle so dünn gezogen, dass bei der letzten Heizung ein Loch entstand und Dampf durchblies. Der Reifen wurde dabei natürlich zerstört.

Heizbälge bestehen aus harzvernetztem Butylkautschuk. Schon im Polysarhandbuch von 1960 sind Rezepturen für Bag-O-matic Bladder beschrieben [8].

Die Geschichte der Harzvulkanisation und die dabei ablaufenden Reaktionen hat W. Hofmann [19] mit den zugehörigen Patenten und weiteren Literaturstellen exakt beschrieben. Ein großes Problem bei der Harzvulkanisation sind die Heizzeiten. Das erinnert mich daran, dass die Herstellung von Bälgen für Großreifen im Kompressionsverfahren mehrere Stunden dauerte und ich somit manches Mal der Entformung um Mitternacht beiwohnte. Verkürzen kann man die Vulkanisationszeit durch das Einspritzen der Mischung [20], aber auch chemisch durch den Einsatz von z. B. Metallhalogeniden. Verwendete Metallhalogenide wie Zinnchloride oder Eisen(III)chlorid sind den Friedel-Crafts-Katalysatoren in ihrer Reaktion außerordentlich ähnlich. In den sechziger Jahren des vorigen Jahrhunderts wurde denn auch versucht den Reaktionsmechanismus mit den damals modernsten Spektrenverfahren, mit Hilfe des Mössbauer-Effektes, zu klären [21].

Wenn auch die Rezepturen Im Polysarhandbuch von 1960 schon beschrieben waren, so gab es hinsichtlich der Vernetzung und speziell der beschleunigten eine Menge an Patenten [19], von denen eines zu einem Patentstreit bis zum Oberlandesgericht in Düsseldorf führte, bei dem ich als Chemiker und Fachmann für die Balgproduktion zugegen war. Es ging darum nachzuweisen, dass bei der Vulkanisation ein Metallhalogenid zu deren Beschleunigung verwendet wurde. Da Richter üblicherweise mit Chemie nicht viel am Hut haben (Ausnahmen mögen mir verzeihen), mussten die Patentanwälte dem Richter die chemischen Vorgänge so darlegen, dass der sie mit seinen rudimentären, noch vom Abitur herrührenden Chemiekenntnissen (damals durften unbeliebte Fächer noch nicht abgewählt werden) auch verstehen konnte. So führte also der Patentanwalt der einen Seite mit seinem Beweis für den Einsatz von Metallhalogeniden das Periodensystem der Elemente ins Feld und erklärte, zweiwertige Metalle stünden im Periodensystem ganz links in der zweiten Reihe und Chlor hingegen in der siebenten, also in der vorletzten Reihe rechts und je weiter diese beiden Elemente im Periodensystem auseinander stehen umso begieriger wollen sie sich miteinander verbinden. Die Analyse eines auf dem freien Markt gekauften (die Gesetze sind in Deutschland anders als in Frankreich, wo der Richter die Befugnis hatte, die Rezeptur des Beklagten an Ort und Stelle einzusehen) Balges ergab, dass Zink und Chlor drin enthalten waren und folglich, so die Beweiskette des Patentanwaltes, Zinkchlorid eingesetzt worden war.

Ein langer, diskussionsreicher Nachmittag förderte dann den Gegenbeweis zu Tage, der dann beim nächsten Termin vorgetragen wurde. Darin forderte der Patentanwalt nunmehr der Gegenseite den Richter auf, sofort die gegenüberliegende Bäckerei schließen zu lassen. Hier gab es tumultartige Störungen sowohl vom Richtertisch als auch von den Patentanwälten der einen Seite. Die Erklärung mit Hilfe des Periodensystems führte aber die Zinkchlorid-Theorie ad absurdum. Der Patentanwalt erklärte, in einem Brötchen dieser Bäckerei Kalium, Kohlenstoff und Stickstoff analysiert zu haben, also KCN, Kaliumcyanid (dieses Gift war dem Richter wiederum geläufig), denn Kalium steht in der ersten Spalte des Periodensystems ganz links und Cyanid ist isoelektronisch mit Chlorid: Und so begann jede der folgenden Sitzungen mit der Ermahnung des Richters: „Meine Herren, aber heute keinen Cyankali-Beweis.“

Wulstschmierfett und Kresol

Anfang der siebziger Jahre traf ich meinen Schulfreund aus der Heimatgemeinde, den es auch nach Hannover verschlagen hatte und schon nach dem ersten Treffen beschlossen wir Segelboote zu bauen (auch diese Geschichte ist berichtenswert). Hierzu gesellte sich noch ein Continentäler, der Leiter der Reifenheizung Vahrenwald. Immer am Wochenende wurde an dem Boot gebaut. Zum Laminieren - Glasfaser mit Polyesterharz - wurden stehts mehrere Leute benötigt, da Topfzeit und Laminierfläche nur ein gewisses Zeitfenster offen ließen. So war denn eines Tages auch ein alter Meister aus der Reifenheizung mit beim Bootsbau. Und wie üblich redeten wir auch über Alltagsprobleme bei der Arbeit. Zu jener Zeit war gerade das Resorcin knapp geworden, ein wichtiger Bestandteil für die Bindung von Gummi an Stahlcord.

Bild 5: Die drei Bootsbauer (v. l.) Harald Diesinger, Gerhard Streit, Gerhard Göbel

Deshalb gab es auch kein Kresol. Und just da musste eine neue Charge an Wulstschmierfett, einer Bohnerwachs ähnlichen Masse, neu gemischt werden. Zuständig für die Rezeptur war ich und so beklagte ich den Mangel an Kresol. Da fragte mich der Meister, ob ich denn wüsste, warum Kresol in dieser Wulstschmierfettrezeptur eingebaut wäre. Natürlich nicht, denn die Rezeptur stammt noch aus den dreißiger Jahren und war zuletzt 1946 geändert worden. Eben drum sagte der Meister, der vier Wochen später in Rente ging und der letzte war, der die Zusammenhänge noch kannte. In dem ersten Nachkriegsjahr mangelte es an allem, auch an Bohnerwachs. Wer erinnert sich heute noch an jene Zeiten als das Parkett noch gespänt, eingewachst und gebohnert wurde? Dieses Wulstschmierfett eignete sich hervorragend zur Pflege von Holzfußböden. Der Schwund war enorm (wenn man zudem bedenkt, dass Geld nichts und Materialien alles war), so dass man beschloss, einen Stoff einzubauen, der diesem Schwund ein Ende setzte. Die Wahl fiel auf Kresol, einen nicht gerade angenehm riechenden Stoff und der Schwund ging drastisch zurück. Der Bootsbau half also die Rezeptur zu vereinfachen und glücklicherweise hatten wir einen Helfer, der die Hintergründe des Einsatzes von Kresol erklären konnte.

Heizschläuche und die Bombage

Diagonalreifen sehen als Rohlinge aus wie Hohlzylinder. Bei EM Reifen (Earth Mover) kann die Höhe des Zylinders durchaus zwei Meter übersteigen. Damit werden die Bag-O-matic Pressen [22] unhandlich und insbesondere, wenn es sich um kleine Stückzahlen handelt, wird das auch noch unrentabel. Hier greift man wieder auf die Autoklavheizung [23] zurück (Bild 6). Zunächst einmal muss dafür der tonnenförmige Reifenrohling auf einem

Bild 6: Reifenform für den Autoklav

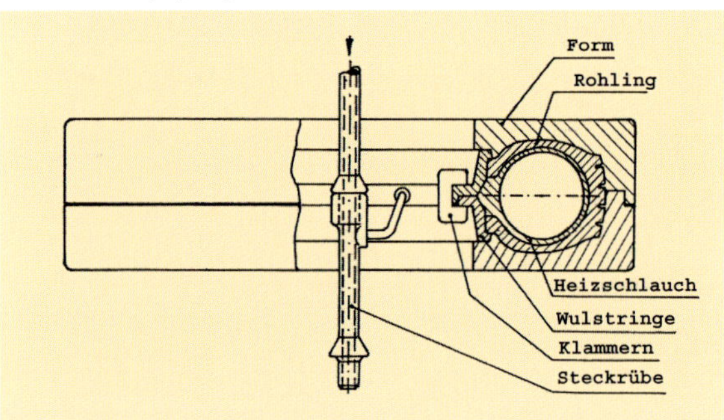

so genannten Bändiger bombiert werden. Hierzu stellt man den Rohling, dessen Wülste mit dem geschilderten Wulstschmierfett eingestrichen sind, auf den Brunnentisch der Bombieranlage. Von oben wird mit einem Stempel ein Teller aufgesetzt, der den Rohling nach oben abschließt. Nunmehr wird der Stempel unter gleichzeitiger Luftzuführung in den Reifenrohling nach unten gefahren. Dadurch wird der Rohling in der Mitte gedehnt, da die metallenen Wulstkerne die beiden Enden im Durchmesser fixieren. Gleichzeitig wird aus dem Brunnen der Heizschlauch nach oben gedrückt. Hat der Reifen nun die richtige Form erreicht, springt der Schlauch in den Rohling und die zur Verformung notwendige Pressluft kann abgelassen werden. Über die Schlauchfertigung, die anders als bei Autoschläuchen wegen der überlappten Zusammensetzung gefertigt werden und über Teilheizschläuche lasse ich mich hier nicht aus, weil die Fertigung dieser auf Grund der Umstellung auf Radialreifen höchstens noch in Indien ansteht. Der bombardierte Rohling wird nunmehr mit Wulstringen versehen und in die Form eingelegt (Bild 6), wobei beides, Form und Rohling, mit Flaschenzügen bewegt werden. Da Formen und Reifen zusammen recht schwer sind, werden sie auf Wagen abgelegt, die auf Schienen der so genannten Kesselbahn laufen, zum Autoklaven gefahren. Dort wird die erste Form mit Hilfe eines Kranes auf den Pressentisch (Bild 7), abgesetzt und mit einer Steckrübe, über die das Heizmedium läuft, versehen; der Pressentisch wird etwas abgesenkt und die nächste Reifenform aufgesetzt. Die Heizzeiten betrugen je nach Reifengröße bis zu sieben Stunden.

Bild 7: Vulkanisieranlage Autoklav

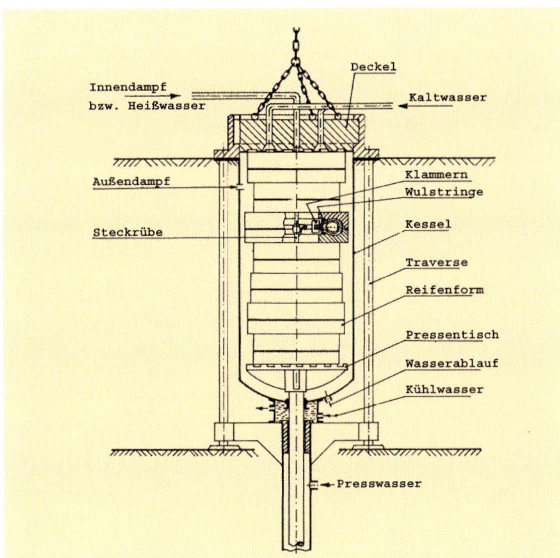

Der größte Reifen, der je in Vahrenwald gefertigt wurde, war ein EM der Größe 26,5 x 25. Hierzu musste zunächst ein Bändiger gebaut werden. Auf Grund der Größe des Rohlings ging der Bändiger über drei Stockwerke. Im unteren Stockwerk war der Brunnen, der der Aufnahme des Heizschlauchs diente, im mittleren der Brunnentisch, auf den der Reifenrohling mit Hilfe eines Gabelstaplers gestellt wurde und im oberen Stockwerk war der Stempel mit seinem Antrieb untergebracht. Übrigens, die Stockwerke hatten ein Höhe von über vier Metern. Nach dem Aufsetzen des Rohlings auf den Brunnentisch wurde der Stempel herabgefahren und die Druckluft zugeführt. Alles lief wie üblich, der Schlauch wurde hochgefahren und begünstigt durch das verstärkte Innenteil, sprang er aus seiner zusammengefalteten Lage im Brunnen in den Rohling. Dann wurde der Stempel gelüftet - und an der ganzen Front der Philippsbornstraße flogen die Fensterscheiben auf die Straße. Bei eigentlich kleinem Überdruck erzeugte die große Menge Luft ein Stoßwelle, die die Fensterscheiben bersten ließ. Das war die erste und einzige Bombage eines solchen Reifens mit dem Bändiger.

Reifenfertigung in Vahrenwald

Auffällige Produktionseinrichtungen in Vahrenwald waren neben der schon beschriebenen Bombieranlage die Laufstreifenfertigung, der Stahlcord-Kalander, die Stahlcord-Schneidevorrichtung und nicht zuletzt die Reifenaufbaumaschinen für Großreifen. Beeindruckend war immer wieder die pro Zeiteinheit durchgesetzte Mischungsmenge z. B. für Ackerschlepper-Reifen, wobei Laufstreifen und Unterplattenmischung gleichzeitig vorgewärmt und dann über Brecher, Walzwerk, Ausschneidewerk und eine Duplexmaschine zu Laufstreifen zusammengefügt, durch eine zweistöckige Kühlanlage bis zur Ablängung liefen. Eine weitere Großeinrichtung war der Stahlcord-Kalander mit seinem Spulengatter. Immerhin 1500 Spulen mit Stahlcord konnten in das Gatter eingelegt werden; und wenn der Kalander einmal lief, waren Leute im Gatter damit beschäftigt an auslaufenden Spulen neuen Draht anzuknüpfen. Auch Brechen und Vorwärmen der Stahlcordhaftmischung bis ein gleichmäßiger Fütterungsstreifen den L-Kalander an zwei Stellen zugeführt werden konnte, musste mit der Fahrgeschwindigkeit des Kalanders abgestimmt werden. Und hier kam ich zum ersten Mal in Konflikt mit der Gewerkschaft. Die Fahrgeschwindigkeit sollte aus Kostengründen um den Faktor fünf erhöht werden. Im Rahmen eines Produktionsversuches konnte ich dies auch einleiten. Allerdings hatte ich in meiner Unerfahrenheit die Weiterungen, die dieser Versuch auslöste, nicht vorausgesehen und mir so den Zorn der Gewerkschaftler zugezogen, was ich später noch zu spüren bekam. Zunächst einmal musste ich den Produktionsversuch gegen erheblichen Widerstand durchsetzen. Natürlich bedingt eine größere Geschwindigkeit einen mengenmäßig größeren Mischungsdurchsatz und bei gleichen Brechern und Walzwerken eine kürzere Verweilzeit und damit weniger Energieeintrag in die Mischungen. Andererseits war die Friktion im Kalander größer. Letztendlich lief der Versuch auch mit der fünffachen Geschwindigkeit zur Zufriedenheit aller. Zwei Springer halfen den größeren Mischungsdurchsatz zu bewältigen und ein von mir gesponserter Kasten an Getränk erhielt mir trotz allem die Gunst der Kalandermannschaft.

Allmorgendlich fand die Begutachtung der fehlerhaften Reifen statt. Da gab es Schweinerücken, Zelte, Wulstkanäle etc., eben Fehler, die mit Namen belegt waren, die jedem der Anwesenden ohne weitere Worte die Fehlerart, aber auch deren Entstehung, deutlich sagten. Diese Art der Fehlerbeschreibung bekam ich eines Tages bei turnusmäßig stattfindenden Besprechungen zu hören. So wurden Heizschläuche reklamiert, die mit dem Fehler „repiniert" belegt wurden. Nur durch Zufall erfuhr ich, dass der Außendienstmitarbeiter, der einen Schlauch mit diesem Fehler als erster mitbrachte, Repin hieß. Bei diesen Besprechungen kam auch immer wieder der „Defekt 900", eine Kreation meines Lehrmeisters Dr. Judas, zur Sprache, wobei dies als eine Retourkutsche für die Bemerkung der Ingenieure „die Mischung taugt nichts" gedacht war. Mit „Defekt 900" war eine nicht optimale Konstruktion gemeint, wobei das eigentliche die Konstruktion

Bild 8: Repa hell und Repa dunkel

Reparaturmischung		
	hell	dunkel
Naturkautschuk RSS	300	300
Spindelöl	125	140
Zinkoxid aktiv	125	- - -
Kreide	400	400
Schwefel	45	
Diphenylguanidin	- - -	5
2-Mercaptobezothiazol	- - -	5
ZEPC	- - -	20
Ruß HAF LS	- - -	100
Kreide	- - -	25
Summe	995	995

beschreibende Eigenschaftswort wesentlich deftiger war. Doch zurück zu den Reifenfehlern bei der allmorgendlichen Begutachtung. Schönheitsfehler, z. B. Wulstkanäle oder kleine Löcher in großen Profilen wurden mit einer Reparaturmischung gefüllt. Dabei wurden gleiche Mengen der hellen und der dunklen Mischung von Hand miteinander verknetet, bis die Mischungsfarbe einheitlich war. Mit dieser Mischung wurden die Löcher ausgefüllt. Die Beschleunigung, die helle Mischung enthielt den Schwefel, die dunkle die Beschleuniger, war so ausgelegt, dass die Vernetzung schon bei Raumtemperatur ablief, jedoch auch mit Hilfe eines Lötgerätes beschleunigt wurde, wobei die Oberfläche entsprechend geglättet werden konnte. Diese Mischung hat mir später beim Bootsbau sehr geholfen.

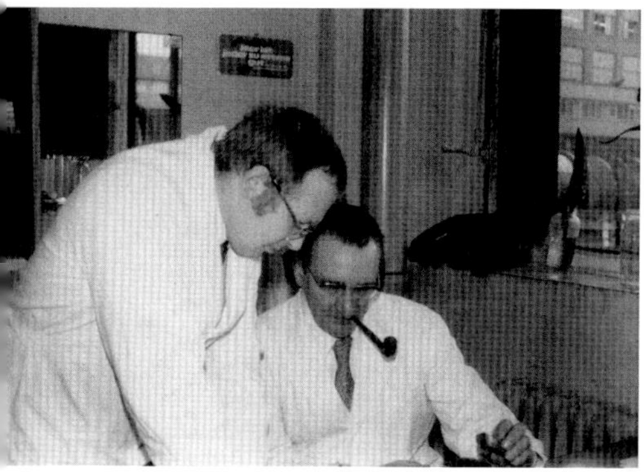

Bild 9: Mein Lehrmeister, Dr. G. Judas, (rechts), im Büro G. Göbel, Leiter der Reifenheizung Vahrenwald

Eine Reihe von Geschichten ließe sich noch erzählen. Eine scheint mir besonders erwähnenswert. Reifen wurden mit Wasserdampf vulkanisiert. Die Hauptleitung hatte einen Druck von 20 bar, das entspricht bei Sattdampf 214 °C (für Puristen ~487 K). Eines Tages füllte sich das Erdgeschoss des Gebäudes der Reifenheizung mit Wasserdampf. An einem Rohr, das an der Decke entlang lief, hatte sich ein Loch gebildet und der Dampf strömte aus. Aufgeregt kam der Meister auf seinen Abteilungsleiter Herrn Göbel zu, mit dem ich gerade in Richtung Büro ging, und wollte, dass der Dampf abgeschaltet wurde. Das beinhaltet natürlich die Unterbrechung der Heizung, die meisten Reifen in den Autoklaven wären Ausschuss und die Produktion käme erheblich in Rückstand. „Nichts da", rief Herr Göbel, „besorg mir eine Leiter, eine Schraubzwinge und einen großen Lappen". So bewaffnet stieg er auf die Leiter, legte den Lappen um die undichte Stelle und presste ihn mit der Schraubzwinge fest auf das Loch. Nunmehr tropfte nur noch das Kondensat von oben, die Produktion konnte bis Samstag, dem in fast allen Produktionsstätten üblichen Reparaturtag weiterlaufen. Ohne Organisationstalent und Improvisation kann eine Produktion eben nicht auskommen.

KAPITEL 4

Reifenentwicklung III

4

Am 1. April (bezeichnendes Datum) 1972 wurde mir die Leitung der chemischen Technologie für die Autoreifenfabrik Vahrenwald übertragen. Nunmehr waren die eigentlichen Lehrjahre vorbei und die nächsten Jahre beschäftigten mich mit den üblichen Schwankungen der Verarbeitbarkeit verschiedener Mischungen. Hierzu gehörte auch das Zusammenwirken von Oberflächeneffekten, Mischungsviskosität und Verpackungsfolie. Da Reifen zunächst einmal aus verschiedenen Mischungen zu einem Rohling zusammengefügt werden, ist die Klebrigkeit der Oberflächen von außerordentlicher Bedeutung. Zumeist wurden hierzu die Oberflächen auf der Wickelmaschine mit einer benzinösen Lösung eines Harzes mit einem „Witschequast" aufgefrischt; die weiteren vom Server der Wickeltrommel zugeführten, angelegten und aufgebrachten Bauteile wurden dann bei höherer Umdrehungszahl angedrückt und mussten haften. Oberflächeneigenschaften von vorgefertigten Bauteilen wie zugeschnittene Gewebebahnen oder Unterplatten und Laufstreifen ändern sich in Abhängigkeit von vielen Parametern, sicherlich auch von der Stellung des Mondes zum Jupiter und Saturn. Jedenfalls beginnt bei Problemen zunächst einmal die Suche nach dem, der den „Schwarzen Peter" hat. Wohl dem, der hierzu die Unterlagen beitragen kann. Dies ist durchaus menschlich und ich habe weder im Vereinsbereich noch in verschiedenen Firmen je etwas von einer gemeinsamen Ursachensuche bemerkt, wenn dies auch immer wieder beschworen wird. Doch zurück zur ungenügenden Klebrigkeit, die zu entsprechenden Untersuchungen führte und mein Verständnis hinsichtlich Druck-, Zeit- und Temperaturabhängigkeit einer Verklebung, oder besser eines Ineinanderfließens von Mischungen einerseits förderte und andererseits die Veränderung der Oberflächeneigenschaften von Mischungen in Abhängigkeit der Lagerbedingungen und hierzu gehört auch die Verpackung, speziell ob neu oder gebraucht, deutlich macht. So können auf gebrauchten Folien Kristallisationskeime für die aus den Mischungen auswandernden Chemikalien vorliegen und somit eine sich schnell bildende abhäsive Oberflächenschicht fördern. All diese Erfahrungen aus der Betriebsbetreuung Reifen kamen mir in meinem weiteren Gummileben irgendwann zugute. Ich musste nur die Probleme auf die zugehörigen Grundlagen zurückführen.

Der Streitfall im Roten Reifen

Eine größere Umorganisation in den Ressorts Forschung und Entwicklung und der Produktion, die etwa Mitte des Jahres 1974 erfolgte, ging auch an mir nicht spurlos vorbei. Wenn man sich zurückerinnert, war dies die Zeit nach der Ölkrise, den automobilfreien Sonntagen, der manchmal hysterischen Energiesparwelle, mit andern Worten, die Reifenhersteller mit ihren auch durch vermehrten Einsatz von Radialreifen vorhandenen Überkapazitäten mussten sparen. Also wurde mir im Rahmen dieser Umorganisation die Leitung der Materialentwicklung in der zum Ressort Forschung und Entwicklung gehörenden Entwicklungsgruppen für Spezialreifen, wie z.B. Erdmaschinen-, Landwirtschafts-, Flugzeugreifen etc. (etc. = bisherige Aufgaben) übertragen. Die Aufgaben und Titel habe ich aus dem Zwischenzeugnis entnommen, das ich, als noch Wechsel möglich und interessant waren, immer nach dem Wechsel des Vorgesetzten anfertigen ließ. Ein neuer Titel bringt nicht nur neue Aufgaben sondern

Dr. rer. nat. Gerhard Streit

Materialentwicklung Reifen
3 Hannover-Vahrenwald
Vahrenwalder Straße 7, Ruf (0511) 31 70 91 - 539

Continental Gummi-Werke Aktiengesellschaft Hannover

Bild 10: Erste Visitenkarte

Bild 11: Kampfblatt der DKP „Roter Reifen"

Kostenbeitrag
10 Pfennig
oder mehr

Roter Reifen

Stöcken • Northeim • Limmer • Hochhaus • Vahrenwald

Nr. 9 Betriebszeitung der DKP Betriebsgruppe Conti Dez. 1974 zumeist auch ein neues Büro mit sich, in diesem Falle sogar die erste Visitenkarte. Um nun Konstruktion und Chemie der Reifenentwicklung III auch örtlich zusammenzuführen und im vierten Stock des Gebäudes 13 in Vahrenwald nicht ausreichend Platz war, zogen wir also in das ehemalige Verwaltungsgebäude direkt gegenüber um. Und dies rief den Roten Reifen auf den Plan.

Der „Rote Reifen" war das Kampfblatt der 1968 gegründeten Deutschen Kommunistischen Partei, die faktisch die Nachfolgeorganisation der 1956 verbotenen KPD war und finanziell von der SED (Politorgan der DDR) unterstützt wurde. Im Roten Reifen wurde richtig agiert; es war das, was man mit Fug und Recht, als DDR-gesteuertes Hetzblatt bezeichnen kann. Prinzipiell wurde die Leitung, also ab Abteilungsleiter und deren Entscheidungen kritisiert und niedergemacht. Dabei wurde mit der Wahrheit nicht gerade zimperlich umgegangen.

Im Folgenden gebe ich eine Abschrift des Textes aus dem Heft Nr. 9, Dez. 1974 der sich mit mir befasst. Deshalb eine Abschrift, weil das mir vorliegende Exemplar nicht mehr gut leserlich ist.

„Streitfall"

Die Umorganisation in Produktgruppen wird jetzt nach langer Planung auch für den Laien sichtbar. Die große Wanderung hat begonnen. Es geht von Stöcken nach Vahrenwald, von Vahrenwald nach Stöcken, Stöcken nach Limmer, von Limmer nach Vahrenwald usw. Aber es wird auch innerhalb der Werke umgezogen. Bei diesem ganzen Hin und Her wird aber immer auf Dienstrang geachtet. Da zieht ein gewisser Dr. Streit in sein neues Büro und darin ist kein Waschbecken. Gegenüber ist zwar eine Toilette mit drei Waschbecken, aber die ist dem Herrn nicht zumutbar. Er beantragt den Einbau in sein Büro. Kosten 3.000,- DM. Nach einigen Querelen bis hin zum Vorstand wird es von diesem genehmigt.

Bild 12: „Der Streitfall"

STREITFALL

Die Umorganisation in Produktgruppen wird jetzt nach langer Planung auch für den Laien sichtbar. Die grosse Wanderung hat begonnen. Es geht von Stöcken nach Vahrenwald, von Vahrenwald nach Stöcken, Stöcken nach Limmer- von Limmer nach Vahrenwald usw. Aber es wird auch innerhalb der Werke umgezogen. Bei diesem ganzen Hin und Her wird aber immer auf Dienstrang geachtet. Da zieht ein gewisser Dr. Streit in sein neues Büro und darin ist kein Waschbecken. Gegenüber ist zwar eine Toilette mit drei Waschbecken, aber die ist dem Herrn nicht zumutbar. Er beantragt den Einbau in sein Büro. Kosten 3.ooo.-DM. Nach einigen Querelen bis hin zum Vorstand wird es von diesem genehmigt.

In die verlassenen Räume des Herrn Dr. Streit zieht eine Gruppe der A.-Z. Studie. Die Räume sind seit ca. zehn Jahren nicht gestrichen und sehen aus wie ein Dreckstall. Für das 1973 bereitgestellte Geld für die Renovierung kaufte Dr. Streit einen Tischrechner. Den Kollegen von der A.-Z. Studie sagte ihr Abteilungsleiter, wenn die Räume zu schmutzig sind, können sie sie in ihrer Freizeit auf ihre Kosten streichen. Die Abteilung hat hierfür kein Geld. (Die Kosten hierfür wären ca. 1.000,- DM.)

Der Abteilungsleiter Dr. Streit bekommt für 3.000,- ein Waschbecken nur für sich. Die Kollegen der A.-Z. Studie aber dürfen in einen Dreckstall ziehen, oder ihn auf eigene Kosten selbst renovieren.

Wenn sich auch der Vorstand normalerweise nicht mit dem Geschreibsel des Roten Reifens befasste, machte dieser Artikel jedoch enormen Wirbel, bis zum Vorstandsvorsitzenden Carl. H. Hahn. Dieser erkundigte sich bei mir (mein einziges Gespräch mit einem Vorstandsvorsitzenden während meiner Gummizeit), nach dem Wahrheitsgehalt dieses Artikels. Richtig war, dass die vier Räume tatsächlich seit meinem Einzug nicht mehr gestrichen worden waren. Aber in einem Produktionslabor, dazu noch nur durch Tür und Flur getrennt von der stark Talkum behafteten Autoschlauchproduktion, werden nun einmal Proben aufbewahrt und es staubt. Zumindest wurde der Boden regelmäßig gepflegt und die Vorhänge von Zeit zu Zeit gewaschen. Für uns war es offensichtlich gut genug, denn jeder Mitarbeiter hatte sein von der Firma gestelltes eigenes Handtuch und ein Waschbecken war auch vorhanden. In den drei neuen Räumen im Verwaltungsgebäude war kein Waschbecken. So wurde dann in dem Großraumbüro für die vier Mitarbeiter, also keineswegs in meinem Büro, ein Waschbecken eingebaut. Denn die arbeiteten nicht nur mit Bleistift und Papier, sondern griffen in der Produktion richtig zu. Deshalb stellte die Firma ihnen auch Handtücher und Seife. Es wäre schon ein Witz gewesen, diese persönlichen Handtücher in der gegenüberliegenden Toilette aufzuhängen.

Übrigens, einen Etat umzuwidmen ist so einfach gar nicht. Die Geschichte mit dem Tischrechner entbehrt also jeglicher Grundlage, vielleicht jedoch war dem Schreiberling zugetragen worden, dass ich damals einen programmierbaren Taschenrechner, HP-25, allerdings privat, erwarb.

Erster Abgesang

Die neue Aufgabe brachte den direkten Kontakt zu den Konstrukteuren. Zum ersten Mal wurden mir die unterschiedlichen Denkweisen bewusst. Wenn auch die Gummitechnologie eine noch hauptsächlich auf Erfahrungen beruhende Wissenschaft ist, mutierte die Chemie der Hochpolymeren zu einer exakten Wissenschaft. Dies bedingt die Unterschiede in der Denkweise, die erst in den letzten Jahren mit den Entwicklungen der Berechnungsmethoden wie z.B. der Finiten Element Analyse eine Wendung erfuhr.

Großreifen für den Einsatz abseits der Straßen werden auch im Salzbergwerk an Schaufelladern, Muldenkippern, Bohrgeräten etc. eingesetzt. Bei Teufen bis zu 1200 m hat der Salzstock schon Temperaturen, die 60 °C überschreiten, trotz Bewitterung. Bei solch erhöhten Temperaturen sind die Eigenschaften der Gummimaterialien verändert; so hat sich z.B. die Gasdurchlässigkeit auch der Innenseele stark erhöht [24]. Dies kann zum Druckabfall aber auch zu weiteren Defekten an Reifenbauteilen führen. Eine geringere Gasdurchlässigkeit kann also nur von Vorteil sein. Brombutyl versprach gegenüber Chlorbutyl eine weitere Verringerung der Permeation. Die Entwicklung einer Innenseelen-Mischung auf Basis Brombutylkautschuk war daher vielversprechend. Alle im Labor gemessenen Eigenschaften, auch die Covulkanisation mit Naturkautschuk waren mehr als zufriedenstellend. Die ersten Kalanderplatten für die Innenseelen wurden in Auftrag gegeben und hier erst zeigten sich die Unterschiede zu den bisherigen Innenseelen-Mischungen. Nach Abziehen vom Kalander sprang die Platte unkontrolliert ein, d.h. die Maße hinsichtlich Dicke und Breite waren nicht haltbar. Aber die alten Meister mit ihrem Gummigefühl stellten Temperatur und Abzugsgeschwindigkeit so ein, dass die vorgegebenen Maße eingehalten wurden. Selbst wenn also das Eigenschaftsbild eines Elastomers den Forderungen entspricht, muss die Mischung auch verarbeitbar sein. Jedoch sollten die Produzenten auch das ihre dazu tun. Meist wird dieser aber die Mischung als die Ursache aller Probleme ausmachen, weil es leichter ist, komplizierte Zusammenhänge einfach zu negieren (siehe auch zu kurze Autoschlauch-Mischung), als scheinbar überschaubare technische Abläufe in Frage zu stellen.

Die unterschiedliche Betrachtungsweise der Rezeptentwicklung, der Verarbeitbarkeit und des Eigenschaftsbildes zwischen Ingenieuren und Chemikern, wie es nicht besser als in „100.000 Stunden Gummiindustrie [25] beschrieben werden kann, erschwerte die Zusammenarbeit. Aus meiner damaligen aber auch heutigen Sicht brachte dieses Unverständnis des Leiters der Reifenentwicklung III unter anderem mich dazu, nach einem neuen Betätigungsfeld zu suchen. Gummiverständnis, so glaubte ich, hatte ich mir nun genügend erworben und da Gummichemiker kein Lehr- oder Lernberuf ist, gab es genügend Firmen, die ihren Bedarf aus wechselfreudigen, von den Großkonzernen ausgebildeten Chemikern zu decken suchten und deshalb ihre Fühler ausstreckten. Also wechselte ich im August 1976 von Niedersachsen nach Baden-Württemberg, von der Landeshauptstadt Hannover nach der von Weinbergen umgebenen Großstadt Heilbronn, von der Reifenindustrie in die Dichtungsindustrie, von der Conti zu KACO.

Viele Jahre später saß ich mit einem Kollegen vom Wettbewerb in Würzburg in einem Hotel am Abend bei einem Glase Wein. Wir stimmten unsere Vorträge, die wir am Tage darauf bei einer Tagung des SKZ, Süddeutsches Kunststoff-Zentrum, halten sollten und die sich teilweise überlappten, aufeinander ab. Natürlich sprachen wir auch über die Gummiindustrie im Allgemeinen und über die Ausbildungsmöglichkeiten für Gummichemiker. So stellten wir fest, dass wir beide einmal bei Conti in Hannover gearbeitet hatten, er etwas früher als ich. Und hier machte er die Bemerkung, die ich nicht vergessen habe: *„Die Deutsche Kautschukgesellschaft sollte dem Personalchef der Conti eine goldene Medaille verleihen, weil er durch seine bescheidene* (im Original deftiger) *Personalpolitik die gesamte deutsche Gummiindustrie befruchtet hat“.* Tatsächlich sind Mitte der Siebziger des letzten Jahrhunderts eine größere Zahl an Chemikern, die gerade gut ausgebildet waren, in andere Firmen abgewandert.

Trotz alledem waren die Lehrjahre eine schöne Zeit.

KAPITEL 5

Herrenjahre

Ein Neubeginn

Am 1. August 1976 fing ich also in Heilbronn bei der KACO an. Den Monat davor habe ich genutzt um mich auf die neue Herausforderung vorzubereiten. Zunächst einmal versuchte ich mit einer Literaturrecherche alles über Wellendichtringe zu erfahren und bat dann den Technischen Leiter der KACO um Zusendung der gefundenen Literaturstellen. Ich erhielt alle gewünschten Veröffentlichungen und darüber hinaus noch solche, die von KACO publiziert wurden und die ich nicht gefunden hatte.

Es wurde mir die Leitung des chemischen Labors übertragen und ich war dem Technischen Leiter unterstellt. Wie das zumeist der Fall ist, sind exakte Arbeitsplatzbeschreibungen auch im Einstellungsvertrag nicht vorhanden, sondern das Arbeitsgebiet ist recht vage umschrieben. Natürlich hat man beim Neubeginn noch keinen richtigen Einblick in die personellen Gegebenheiten, das Zusammenwirken des Organismus geschweige denn die Hackordnung, also die Spielregeln, was die Beachtung von Rechten und Pflichten erschwert. Im Laufe der Jahre wurde dann bei der Fortschreibung des Anstellungsvertrages aus besonderem Anlass am 1. Juli 1980 der Aufgabenbereich „entsprechend der Verteilung der Aufgaben im Hause KACO" (aus dem Anstellungsvertrag übernommen) festgelegt.

Nach dem Plan für die Verteilung der Aufgaben im Hause KACO ist Herr Dr. Streit für folgende Aufgaben zuständig und verantwortlich:

Grundlagenforschung
Vorhandene Gummi- und Kunststoffmischungen verbessern
Neue Gummi- und Kunststoffmischungen entwickeln
Eingangsprüfung der chemischen Rohstoffe
Beratung bei Mischungen und Vulkanisiervorgängen
Verbesserung der chemischen Arbeitsabläufe
Verbesserung der chemisch bedingten Fertigung
Beobachtung von Markt und technischem Fortschritt
Vorschläge für neue passende Artikel
Musterherstellung
wenn notwendig Kundenbetreuung
Bearbeitung von Reklamationen
Ansporn und optimaler Einsatz aller Mitarbeiter
Senkung der Personenkosten

Bild 13: Auszug aus dem Anstellungsvertrag von 1980

Ein Labor stellt sich vor

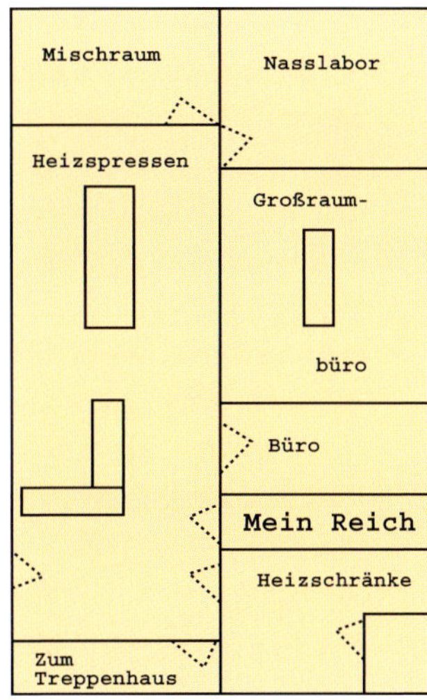

Bild 14: Grundriss des Labors

Wie üblich sind Laboratorien dort untergebracht, wo sie den Betrieb am wenigsten stören. Also befand sich mein Labor im obersten Stockwerk eines Gebäudes, direkt unter dem Dach. Es bestand aus sieben Räumen, zwei kleineren als Büro ausgestattet, ein Nasslabor und ein Mischraum mit Walze und kleinem Innenmischer. Davor in einem langen schlauchartigen Raum Heizpressen, ein langer Tisch, Vulkameter und Kühlaggregat sowie ein weiterer U-förmiger Labortisch. In einem Großraumbüro waren auch die Messgeräte für die Gummiprüfung untergebracht. Alle Räume waren durch mit Glasscheiben versehene Trennwände gut einzusehen. Ein weiterer Raum mit Heizschränken und KACO speziellen Alterungsöfen war abgetrennt und in diesem Raum war außerdem noch eine Dunkelkammer untergebracht. (Dunkelkammern haben ihre eigene Problematik im Hinblick auf Mitarbeiter unterschiedlichen Geschlechts. So sollte entweder nur eine Person oder aber mindestens drei bei unterschiedlichen Geschlechtern in einer Dunkelkammer arbeiten).

Von den Abmessungen her war mein Büro der kleinste Raum, viel kleiner als das letzte bei der Conti. Nun ja, er war ja nur für mich. Eine Schrankwand, ein Schreibtisch quer, ein Tisch zur Ablage und das wichtigste, der Tresor mit den Rezepturen fanden Platz. Das daran anschließende Büro war von den beiden Entwicklern besetzt, wobei der eine auch für Organisation und Aufteilung der Arbeiten für die Laboranten/-innen zuständig war. Im Laufe der Jahre wurden die Personen zwar ausgewechselt, aber die Arbeitsaufteilung blieb. Während Herr Krämer aus Altersgründen ausschied und dafür ein weiterer ehemaliger Continentäler seine Arbeit erfolgreich bis zu seinem Wechsel fortsetzte, kam für Herrn Hermann, der leider allzu früh verstarb, Herr Plappert aus dem Elektrowerk der KACO in Sontheim und betreute die Mitarbeiter. Der Personalleiter der Conti war schon ein Segen für die deutsche Gummiindustrie. Letztendlich arbeiteten bei KACO drei ehemalige Continentäler.

Von den beiden Entwicklern hatte immer einer den Überblick über das was in den anderen Räumen geschah, während der andere mit dem Blick auf mich vorlieb nehmen musste. Es ist fast unbegreiflich, dass in den meisten Gummilabors die Messungen von Laborantinnen durchgeführt werden und das Vulkanisieren von Prüfplatten den männlichen Kollegen überlassen wird. Im Laufe der Jahre gab es dann bei den Laborantinnen mehrere Wechsel, wobei es als Gründe neben den üblichen Familiengründungen Kuriositäten wie Wechsel in ein Detektivbüro oder Eröffnung eines Heiratsinstitutes gab, letzteres allerdings von einem männlichen Mitarbeiter, der auch schon mehrere „Berufe" hinter sich hatte. Nun ja, die Wünsche der ausscheidenden Laborantinnen waren vielfältig, manche kamen auch später im Rahmen der 630-DM-Jobs für einen Tag oder auch weniger in der Woche wieder. Eine dieser Damen blieb mir mit ihrem Spruch „Ich heirate nur jemanden, der mindestens 10.000 DM verdient" in Erinnerung. Ob sie wohl ihr Ziel erreicht hat? In dem großen Labor arbeitete neben den Damen auch noch unser Computer-Freak. Er hatte seine Lehre als Laborant bei KACO im Elektrowerk Sontheim begonnen, übersiedelte ins Gummilabor und kam nach Ableistung des Wehrdienstes (mit zusätzlichen flotten Sprüchen) wieder ins Labor und half bei den Anfängen der Computerisierung durch seine an einem Atari erworbenen Kenntnisse auch beim Verfassen von Diplomarbeiten auf einer HP Software - heute würde man diese als rudimentäre Word-Version bezeichnen.

Mischen, Probenvorbereitung und Vulkanisation oblag zwei Herren im gesetzten Alter, die auch bei meinem Wechsel noch für diese Arbeiten zuständig waren. Von Zeit zu Zeit wurden sie unterstützt durch manch einen dubiosen Helfer. Einer allerdings wurde von allen mit besonderer Achtung aufgenommen. Eigentlich war er für diesen Job überqualifiziert. Als ehemaliger Flieger, der sein Design- und Werbeinstitut mangels Aufträgen auf Grund der Verlagerung der Schuhindustrie aufgeben musste, hat er dann die Arbeit im Labor angenommen. Leider nicht lange, denn seine künstlerische Ader wurde in der Firma anderweitig und offensichtlich sehr dringend benötigt.

Letztlich ist die Truppe, die zumeist aus zehn Personen bestand, in der Zeit, in der ich das Vergnügen hatte sie zu führen, doch zu einem recht erfolgreichen

Team zusammengewachsen. Dies sicherlich auch deshalb, weil die Technische Leitung Vertrauen in die Arbeit des Labors zeigte und ganz selten Entwicklungen in eine bestimmte Richtung zu lenken versuchte. Zum Wechsel schenkten mir die Kollegen eine Kollage von Bildern, die während meiner KACO-Zeit entstanden und wobei jedes Bild mit einem die Person kennzeichnenden Spruch versehen ist (Bild 15).

Bild 15: Abschiedsbilder der Labormannschaft

5

Arbeitskreise

Zum überwiegenden Teil gehen die Produkte der KACO in die Automobilindustrie. Die Werkstoffe hierfür müssen den Spezifikationen der Abnehmer entsprechen. Jedes Autohaus hat seine eigenen Werksnormen, die sich damals natürlich nicht nur in den Forderungen nach den Eigenschaften, sondern auch in den Prüfbedingungen unterschieden. Wurde ein Werkstoff für Produkte unterschiedlicher Automobilhersteller verwendet, so musste dieser in den von jedem Autohaus vorgeschriebenen Medien zu unterschiedlich langen Zeiten und Temperaturen geprüft werden.

Um nun dieser fortlaufenden Diversifizierung Einhalt zu gebieten, liefen mehrere Arbeitskreise, bei denen auch KACO seit längerem mitarbeitete. Zwei der wichtigsten waren in den siebziger Jahren der AK6 und der AK KBE. In diesen Arbeitskreisen sollten Standard-Referenzelastomere und Prüfmethoden für RWDR-Werkstoffe (RWDR = Radialwellen-Dichtring) sowie für Elastomere und Prüfungen für Kühlwasser und Bremsflüssigkeiten entwickelt werden (AK KBE = Arbeitskreis für Kühlerflüssigkeiten, Bremsflüssigkeiten und Elastomere). Die Ergebnisse des AK6, dies war einer der sechs Unter-Arbeitskreise des RWDR-Arbeitskreises, flossen in die DIN 3761 [26], die RWDR-DIN, ein. Das Kürzel AK6 geistert immer noch durch die ganze Welt, weil das FKM Standard-Referenzelastomer damit bedacht wurde. Erst im Juli 2002 erhielt ich die letzte Anfrage nach AK6 aus den USA. Noch heute wird die Aggressivität von Motorölen gegen „AK6" sowohl bei Serienlieferungen als auch bei Neuentwicklungen getestet.

Im Arbeitskreis AK KBE sind die VDA Prüfblätter 521-03 und 521-04 entstanden [27]. Da die KACO Mitglied in diesen Arbeitskreisen war, wurde ich als neuer Laborleiter zu den Tagungen geschickt. Die Häuser der einzelnen Mitglieder luden reihum zu den Sitzungen ein, so dass wir im Laufe der Jahre Deutschland etwas näher kennenlernten, ein durchaus angenehmer Nebeneffekt. Auch in diesen Arbeitskreisen traf ich ehemalige Continentäler wieder, die Dank der besten Gummiausbildung, die je kostenlos gewährt wurde, die Zulieferindustrie beglückten.

In den Sitzungen wurden Ringversuche initiiert, deren Ergebnisse allen statistischen Methoden einer Ringversuch Auswertung unterzogen wurden. Hierbei war es dann ganz wichtig, dass die im Labor erzielten Ergebnisse richtig waren und die Daten nicht auf Grund der statistischen Auswertung aus dem Rahmen fielen und daher eliminiert wurden. Es ist also ungeheuer wichtig, nicht nur für die Reputation der Firma, dass die Messwerte mit denen anderer Laboratorien vergleichbar sind. Nunmehr schließt sich der Kreis, denn für die Richtigkeit sind die Mitarbeiter und die Messmittel verantwortlich. Die Mitarbeiter, die exakt nach den Vorschriften arbeiten müssen und die Messmittel, die dem Stand der Technik entsprechen müssen, damit auch die Vorschriften eingehalten werden können.

Laborerneuerung

Die Ausrüstung des Labors war dank der Forderungen der Kunden, insbesondere der Automobilindustrie, auf einem hohen Stand. Fast alle der Prüfungen, die in den Spezifikationen vorgegeben waren, konnten durchgeführt werden. Allerdings entsprachen manche der Geräte nicht mehr dem Stand der Technik. Was mir im Schwabenland immer wieder auffiel, waren die in eigener Regie entwickelten Geräte und Verfahren, so als ob jeder das Rad selbst erfinden wollte. Die käuflichen Apparaturen waren halt nicht gut genug. Aber offensichtlich ist das nicht nur bei den Schwaben so, denn später wurde mit dem Spruch „not invented here“ (Folgerung: kann also nichts taugen) die gleiche Intoleranz bei Amerikanern über in Europa entwickelte Systeme und umgekehrt deutlich. Soweit zur Denkungsweise über Geräte und Verfahren in Gummilabors.

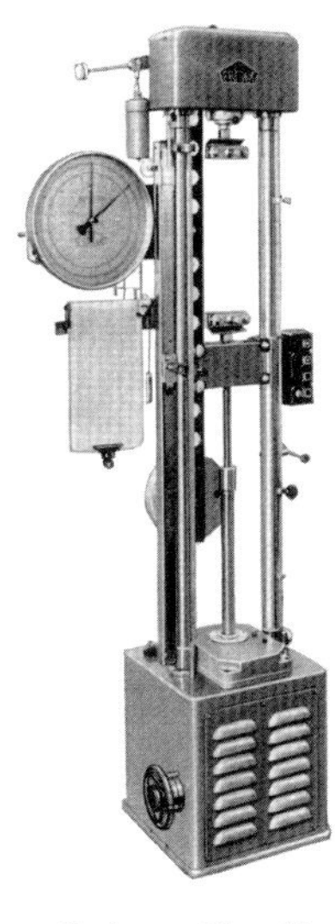

Bild 16: Zugprüfmaschine

Es bedurfte also ganz subtiler Methoden, um die Geldgeber davon zu überzeugen, dass neue Geräte unbedingt notwendig waren. Wenn man aus dem heutigen Blickwinkel die damals verwendete Zugprüfmaschine betrachtet, so wird klar, dass nur gut ausgebildete Mitarbeiter dieses Gerät so bedienen konnten, dass immer gleichmäßige Prüfbedingungen vorlagen und vergleichbare Messwerte erzeugt werden konnten. Wenn man heute Moduli von Prüfstäben angeben müsste, wobei man mit einem Auge auf die Schieblehre, die gleichzeitig mit den Händen der Vergrößerung des Abstandes der Markierungen nachgeführt wurde, schielte und mit dem anderen die große Messuhr abliest um dann im richtigen Moment, bei 100 % Dehnung, den Wert zu merken, damit auch noch der bei 200 % festgehalten werden konnte, so wäre sicherlich keiner unserer Kollegen willens dies bei den heutigen Möglichkeiten noch zu praktizieren.

Um nun den Wunsch nach einer neuen Maschine durchzusetzen habe ich an unsere Zugprüfmaschine ein Bild der neuen gewünschten mit der Bemerkung „die wollen wir" angeklebt. Hier waren die Forderungen der Arbeitskreise und die Teilnahme an Ringversuchen äußerst hilfreich, so dass wir nach relativ kurzer Zeit eine Zugprüfmaschine nach dem Stand der Technik erhielten.

Bei dem vorhandenen IR-Gerät hatten wir das Glück, dass bestimmte Ersatzteile nicht mehr verfügbar waren und somit einem neuen Gerät im Sinne der Ersatzbeschaffung nichts im Wege stand. Im Laufe der Jahre wurden dann Systeme angeschafft, die uns spezifische Gummianalysen erlaubten, ein Schwefelautomat, andererseits aber das Eigenschaftsbild unserer Werkstoffe besser beschreiben ließ. Hier sind insbesondere die Tieftemperatureigenschaften, aber auch Wärmekapazität und Wärmeleitfähigkeit, zu nennen. Letztere brauchten wir für die rechnergesteuerte Vulkanisation. Die Wareneingangskontolle war ebenfalls ein Schwerpunkt unserer Arbeit. Um nun die Molekulargewichtsverteilung der Polymere besser als mit einem Mooney-Gerät beschreiben zu können, wurde sogar ein Hochdruck-Flüssigkeitschromatograf angeschafft. Ich möchte hier nicht alle Geräte aufzählen, jedoch war das Labor am Ende meiner Tätigkeit wirklich hervorragend ausgestattet und konnte die von der Automobilindustrie erwarteten Untersuchungen durchführen. Jedoch sollte eine Episode dazu dienen, Gründe für Fehlfunktionen mancher Geräte zu erläutern. Ein kombiniertes TMA und DTA (Thermomechanische Analyse und Differenz-Temperatur-Analyse) zeigte uns manchmal Peaks im Diagramm, die zunächst einfach nicht zu erklären waren. Nun war die Elektronik dieses Gerätes sicherlich nicht der neueste Stand, denn beim Wechsel von einer Messart in die andere musste eine Platine gezogen und durch eine andere ersetzt werden. Es schien daher, als ob die Abschirmung nicht vom besten wäre. Wir bauten also einen Faraday´schen Käfig aus Lochplatten, wie sie im Betrieb für Transportkisten verwendet wurden um den Messteil herum. Es ging eine Zeit lang gut und wir waren schon der Ansicht den Fehler eliminiert zu haben. Eines Tages jedoch war der Peak wieder da. Es könnte ja sein, dass die Löcher in unserem Käfig zu groß waren, so bauten wir nun einen feiner geflochtenen kupfernen Käfig um das Messteil. Dies alles auf Empfehlung des Geräteherstellers. Jedoch auch hier tauchten die Geisterpeaks auf. Da unser Schwesterwerk Gleichstromgeräte etc. baute besorgten wir uns eine Apparatur, die aus dem Wechselstrom zunächst Gleichstrom machte und diesen wieder in Wechselstrom wandelte. Denn unser Gerätelieferant hat uns bedeutet, dass wir eventuell ein „versautes" Netz hätten. Aber auch dieses half nichts, von Zeit zu Zeit hatten wir unsere Geisterpeaks. Eines Tages jedoch war unser Sicherheitsbeauftragter im Labor als zufälligerweise gerade eine Messung an dem TMA-Gerät lief. Ein Anruf auf dem Funkgerät des Sicherheitsbeauftragten bescherte uns einen wunderschönen Peak auf der Graphik. Der mehrfach wiederholte Funkspruch erzeugte jedes Mal einen Peak auf der Graphik. Damit war die Ursache geklärt und wir konnten auf all die eingeführten Maßnahmen verzichten. Bei Erstellung von Grafiken für Kunden mussten wir nur noch dafür Sorge tragen, dass der Sicherheitsbeauftragte während der Messung die Funkeinrichtung abgeschaltet hatte.

Computerisierung des Labors

Als der Einzug der Computer ins Labor begann, waren auch wir davon betroffen. Dank meines Faibles für programmierbare Taschenrechner hatten wir einen solchen schon im Einsatz, der uns die lästigen Dreisatzrechnungen abnahm und eine große Hilfe für die Laboranten bei der Berechnung von Dichte, Druckverformungsrest und Quelldaten war. Der erste Tischrechner, der im Labor Einzug hielt, war ein HP 9825A. Er hatte noch einen eingebauten Thermodrucker und ein spezielles kleines Kassettenlaufwerk. Ein einzeiliges Display ließ uns das Zwiegespräch mit dem Rechner führen, denn auf diesem Rechner wurde ein über 3000 Zeilen langes Programm für die Batchfreigabe geschrieben. Plisch und Plum (Friederike Krämer und Wolfgang Plum), so nannten wir die beiden Studenten der Fachrichtung Medizinische Informatik an der Universität Heidelberg / Fachhochschule Heilbronn. Es war ihr Professor, der sie zu einer Studienarbeit, die normalerweise drei Monate dauert überredete. Fast zwei Jahre arbeiteten sie an der Programmierung. Zunächst an dem HP 9825A mit dem einzeiligen Display, was aber auf ihren energischen Protest stieß, so dass das Labor zusätzlich für diesen Rechner einen Bildschirm erhielt. Nunmehr machte das Programmieren den beiden richtig Freude. Meine Forderung nach ausführlicher Dokumentation minderte diese jedoch sehr. Erst der Hinweis auf eine gemeinsame Veröffentlichung [28] erheiterte beide, da dieses doch ein Nachweis für ihre Künste bei der künftigen Arbeitsplatzsuche war. Für die Batchfreigabe mussten dann auch noch die Verbindungen der einzelnen Messsysteme zum Rechner geschaffen werden. Das ganze System wurde dann im Mischwerk aufgebaut und in Betrieb genommen. Das System funktionierte mehr als zehn Jahre, bis es für die einzelnen Bauteile, insbesondere aber für den Rechner keine Ersatzteile mehr gab. Wenn man bedenkt, dass die Daten auf 9½ Zoll Disketten gespeichert wurden, so sind sicherlich die heutigen Speichermedien effektiver und die neueren auf dem Markt erhältlichen Systeme dem damals entwickelten zumindest ebenbürtig.

Die Übergabe des Rechners an die Qualitätssicherung, vor allen aber der erfolgreiche Einsatz bei der Mischungsfreigabe brachte die Möglichkeit einen neuen Rechner im Labor einzusetzen. Natürlich erhielten wir einen der nächsten Generationen, ein HP 9836. Aus der Nummer ist ersichtlich, dass er der übernächste aus dieser Generation war. Nunmehr war dem Programmieren Tür und Tor geöffnet. Eine Reihe von Programmen entsprang meiner Feder, die Herr Hofmann in HPL, der Programmiersprache an diesem Rechner umsetzte, nicht ohne zuweilen seinem Frust ob der angewandten Mathematik Luft zu machen. Als Versuchskaninchen nutzten wir die Fähigkeit unseres Mischungsentwicklers durch Verwendung aller Tasten des Keyboards jeden Kinken ausfindig zu machen.

Bild 17: HP-Tischrechner 9825A

So gelang es uns alle Tasten per Programm zu sperren und nur bestimmte Ziffern (1 oder 0) beziehungsweise Buchstabenfolgen (ja oder nein) zuzulassen. Programme zur Berechnung der Vulkanisationskurven [5], zur Statistik, zur Berechnung isothermer Vulkanisationszeiten und viele mehr wurden in jener Zeit erstellt. Letztendlich wurden die Programme in Basic nochmals neu geschrieben. Eine fruchtbare Programmierzeit war ausgebrochen. Davon zeugen auch Programme die in Zusammenarbeit mit Studenten verschiedener Universitäten erstellt wurden. Virtuelle Datenbanken war damals ein Schlagwort. So schuf uns ein Mathematikstudent, Herr Wolfgang Merkle (ein Mitglied aus meiner Badminton-Mannschaft) eine Datenbank für unsere Chemikalien, aber auch für unsere Quelldaten, wobei die Suchroutine seine damaligen mathematischen Kenntnisse widerspiegelt. Sie funktionierte jedoch hervorragend.

Vorträge und Veröffentlichungen

Nachdem ich richtig eingearbeitet war und die KACO Vertrauen zu mir und meiner Arbeit gewonnen hatte, durfte ich auch an Lehrgängen als Vortragender teilnehmen. Im Rahmen der Lehrgänge an der Technischen Akademie in Esslingen wurde 1980 zum fünften Mal das Thema Dichtungstechnik behandelt, dieses Mal unter der Leitung von Dr.-Ing. Edgar Schmid (mittlerweile war dieser von KACO zu Märklin gewechselt). Das Thema lautete „Gummielastische Werkstoffe für Dichtungen in der Hydraulik und Pneumatik". Eigentlich habe ich nichts anderes mehr bearbeitet, wenn sich auch der Schwerpunkt in späteren Jahren mehr zur Beschreibung der physikalischen Eigenschaften verlagert hat, als die Auswahl des richtigen Werkstoffs bzgl. seines chemischen Verhaltens gegenüber dem abzudichtenden Medium zu finden. Einmal vorgetragen, wurde ich in den erlauchten Kreis der Dozenten an der TAE aufgenommen und trage bis heute alljährlich mindestens einmal über Elastomere vor. Natürlich hat sich auch der Vortrag im Laufe der Jahre verändert und nicht nur der Text. Wenn ich da an die Zeiten zurück denke, als Schere, Kleber und Deckweiß die hauptsächlichen Hilfsmittel bei der Erstellung von Text und Bildern war und dies mit den heutigen rechnergestützten Power-Point-Präsentationen vergleiche, so muss ich noch heute Frau Grotz (liebevoll Emma genannt) ob ihrer

Fantasie bei der Arbeit mit diesen Utensilien bewundern. Auch die Bilder haben ihre Entwicklung genommen, von der Bearbeitung mittels zurecht geschnittener farbiger Folien, über die Anfertigung von Dias bis zu heute üblichen Rechnerdarstellung. Wie schnelllebig die Zeit ist, sieht man daran, dass auch schon gebrannte CDs nicht mehr Stand der Technik sind, sondern bewegliche Festplatten in der Größe eines Füllfederhalters mehr als einen Vortrag aufnehmen können [29].

Zu Anfang der achtziger Jahre war die Mitarbeit in den Arbeitskreisen und hier besonders im AK6 (Unterarbeitskreis mit der laufenden Nummer 6) der Antrieb für Laboruntersuchungen, auch im Rahmen von Ringversuchen, die dann zu entsprechenden Veröffentlichungen führten. Die erste war über die Entwicklung einer Apparatur zur halbautomatischen Dichtebestimmung. Es hat mich geärgert, dass zum einen die Durchführung der Messung viel Zeit in Anspruch nahm und zusätzlich weitere Rechenschritte durchgeführt werden mussten, die ebenfalls Fehlermöglichkeiten in sich bargen. Daher bauten wir ein System, bei dem die Gummiprobe nur einmal für beide Messungen an einem Haken aufgehängt werden musste. Ein Gefäß mit Wasser wurde pneumatisch hochgefahren, so dass die Probe für die zweite Messung in das Wasser eingetaucht wurde. Die Daten wurden mit Hilfe eines Rechners gleich in Dichtewerte umgerechnet. Für diese Apparatur wurde dann eine Stückliste erstellt und innerhalb der KACO für mehrere Werke eine solche Apparatur gebaut. Natürlich wurde in der Veröffentlichung [30] auch ein bisschen Statistik betrieben und die Genauigkeit des Verfahrens in Abhängigkeit verschiedener Einflussgrößen aufgezeigt. Weitere Veröffentlichungen folgten fast im Jahresrhythmus. Eine machte sogar weltweit Furore [31]. Natürlich hing das Thema mit den Arbeiten im AK6 zusammen, aus denen ein Teil der Radialwellendichtring-Norm, der DIN 3761 hervorging. Fluorelastomere sind zwar thermisch und chemisch sehr gut beständig, doch die Mineralölformulierer finden immer wieder neue, aggressivere Additive. In dieser

Bild 18: Dichte-Bestimmungsapparatur

Veröffentlichung ist der Mechanismus des Angriffs bestimmter Additive beschrieben. Daher wurde sie als Leitfaden bei der Additivherstellung verwendet. Ja, in Südostasien wurde sogar eine englische Übersetzung gefunden, die ihren Weg wieder nach Europa fand. Noch berühmter wurde aber die Bezeichnung „AK6“ weltweit für ein Standardreferenzelastomer, wenn auch niemand, der diese Bezeichnung benutzte, weiß warum das Material diesen Namen führt. Es ist auch heute noch das Testmaterial zumindest der deutschen Automobilindustrie für die Zulassung neuer Motorenöle. Und deshalb wird es auch weltweit von den Ölfirmen zu Testzwecken verwendet.

Das letzte Projekt, das zu einer Veröffentlichung [32] führte, behandelte ein Thema, das gerade Ende der achtziger Jahre hoch kochte, ausgelöst durch das deutsche Krebsforschungsinstitut in der Person des Herrn Professor Spiegelhalders. Letztendlich mündete dieses Nitrosaminproblem in einer vom Bundesgesetzgeber erstellten Richtlinie, einer TRGS 552 (Technische Richtlinie für Gefahrstoffe), die die Verwendung bestimmter Beschleuniger in der Gummiindustrie mit erheblichen Auflagen bedachte und somit gewissermaßen ein Verbot erzeugte. Es bedurfte besonderer Anstrengungen die Rezepturen umzustellen. Erschwerend kam hinzu, dass im Europäischen Wirtschaftsraum diese technische Regelung nur für die Bundesrepublik Deutschland galt und alle anderen im Rahmen der Freizügigkeit in der EU mit den bewährten Beschleunigern und Vernetzern produzierten und noch produzieren und die Teile auch in die BRD liefern können. Auch heute noch (2005!), also mehr als zehn Jahre nach Beginn der Diskussionen, werden in der BRD Teile gefertigt, die Beschleuniger und Vernetzer enthalten, die in der TRGS als Stoffe gebrandmarkt sind, die krebserzeugende Nitrosamine bei der Verarbeitung und im späteren Einsatz freisetzen.

Diplomarbeiten

Die meisten der durchgeführten Projekte wurden von Diplomarbeiten begleitet, die zumindest die Grundlagen bearbeiteten, wenn nicht sogar die Problemlösung beschrieben. So war die Umstellung der Vernetzungssysteme auf nitrosaminfreie von einem Diplomanden bearbeitet worden. Er hatte es besonders schwer, denn er musste zwei Herren dienen. Einerseits musste er das neue Vulkanisationssystem entwickeln und mit dem alten vergleichen, die Unterschiede, Nachteile und Vorteile in der Verarbeitung und im Eigenschaftsbild aufzeigen und daraus eben eine strukturierte Arbeit zu Papier bringen. Eigentlich war ich mit dem, was abgeliefert wurde, zufrieden, nicht jedoch der erste Gutachter an der Fachhochschule, der die Reihenfolge der Kapitel verändert haben wollte und eine andere Bewertung der Ergebnisse wünschte. Also blieb dem Diplomanden nichts anderes übrig, als mit der rudimentären Textverarbeitungs-Software seine Arbeit umzuschreiben. Trotzdem war das entwickelte System ein voller Erfolg. In den zwölf Jahren bei KACO sind unter meiner Leitung drei Diplomarbeiten und mehrere Seminararbeiten entstanden, die alle dazu beitrugen dem Fortschritt der Technik standzuhalten, ja in einigen Fällen sogar die Vorreiterrolle zu übernehmen.

Divergenz gradient U ...

... und dann fielen mir die Augen zu. Vorlesungen zur Physikalischen Chemie hielt in Saarbrücken zu meiner Zeit Herr Professor Dr. Barthels, ein passionierter Mathematiker. Schon an der Tür fing er an zu dozieren und spätestens an der Tafel war die erste neue Formel fertig, die er auch dann niederschrieb. Nicht dass mir davor graute, aber ich war mir damals ziemlich sicher, dass ich als Anorganiker diesen Teil der Chemie nicht mehr brauchte. Auch waren mir die Kollegen, die die Thermostate auf ein Tausendstel Grad genau einstellten, als präparativ arbeitendem Anorganiker mehr als suspekt. Aber alles kam anders als ich damals dachte. So musste ich schon während meiner Conti-Zeit die Kenntnisse der Kinetik wieder auffrischen, um die Vulkametrie betreiben zu können. Aber das, was ich nunmehr anging, die rechnergesteuerte Vulkanisation, war ohne Wärmeleitungsgleichungen neben der anisothermen Reaktionsführung nicht zu bewältigen. Und so befasste ich mich nach zwanzig Jahren wieder mit Gleichungen, die mit „div grad u" begannen.

Rechnergesteuerte Vulkanisation I

Die Entwicklung des Programms hatte sogenannte Gleichwertzeiten [33] als Grundlage, so wie es in den sechziger Jahren unter anderem bei der Conti entwickelt wurde. Neu an dem System war on-line Temperaturmessung und Berechnung sogenannter Reaktionswerte zu verknüpfen und bei Erreichen dieses ein Signal zu setzen bzw. die Presse zu öffnen. Zur damaligen Zeit, 1985, waren die benutzten Rechner und Programme gerade so schnell, dass jede Sekunde eine Messung durchgeführt werden konnte. Die Rechenzeit lag zwischen 0,7 und 0,9 Sekunden, weil jedes Mal die vollständige Abkühlungsrechnung durchgeführt werden musste. Unbedingt erwähnt werden muss hier Gerd Hofmann, der die Programme am Rechner umsetzte, strukturierte und dafür sorgte, dass die Ausdrucke in übersichtlicher Form mit ansprechendem Kopfteil sich sehen lassen konnten. Mit der Zeit wurde auch er kühner und versah seine Programme unter dem Titel mit Bemerkungen wie „... die zarteste Versuchung seit es ...“, aber auch mit weit deftigeren Sprüchen. Dieser Spruch bezieht sich auf die Programmiersprache Basic, denn bisher hatten wir in HPL (High Pressured Language) programmiert, die es gestattete, eine Zeile mit Befehlen bis zu deren Ende zu füllen, was Platz sparte und programmtechnisch einige Finessen zuließ, im allgemeinen aber wesentlich unübersichtlicher als Basic ist. Nun, beide Programmiersprachen sind heute obsolet.

```
10 ! ***************************************************
20 ! *
30 ! *   "ARR" IN HP BASIC 4.0
40 ! *
50 ! *   VON DR. G. STREIT & G. HOFMANN (A Weng ...)
60 ! *
70 ! *   ERSTENTWURF    VOM  18.03.88
80 ! *   NEUSTE VERSION VOM  15.07.88
90 ! *
100! *   !!!   LAUFENDE VERSIONS-NUMMER BEACHTEN   !!!
110! *
120! ***************************************************
```

Bild 19: Gerd Hofmanns Programmsprüche

Die Simulation der Heizzeiten am Rechner von Platten unterschiedlicher Dicke erforderte die Beschreibung der Aufheiz- und Abkühlkurven ebenfalls mit einem Programm. Es mussten zunächst einmal umfangreiche Messungen durchgeführt werden. Hierzu sind Diplomarbeiter hervorragend geeignet. Ich erinnere mich noch gut an den sehr fleißigen jungen Mann, den ich immer wieder mit neuen Ideen überfallen und zu Höchstleistungen angetrieben habe. Letztendlich wurde er mit dieser Arbeit diplomiert, die der Grundstein für die Veröffentlichung des Artikels über rechnergesteuerte Vulkanisation wurde [33]. Auch die Weiterentwicklung des

Programms bei Parker-Hannifin durch meinen Kollegen Dr. Manfred Achenbach bedient sich der Ergebnisse der Messungen aus dieser Diplomarbeit.

Letztlich wurde das Programm in der Produktion erprobt. Der Laborrechner, ein HP 9836 und der Messwertaufnehmer, ein HP 8090, wurden in die Produktion verbracht und das System in eine Vulkanisationspresse integriert und lief über mehrere Wochen. Der erste Versuch den Laborrechner (er war nur ausgeliehen!) durch einen Billigrechner zu ersetzen, scheiterte schon nach wenigen Stunden, da bei Betriebsbedingungen sich die Hauptplatine im Rechner so weit durchbog, dass sie mit weiteren Platinen kontaktierte, wodurch der Rechner ausfiel. Jedenfalls lief das Programm zur Zufriedenheit der Produktion, dass daran gedacht wurde, das Programm auf Siemens-Prozessrechner 1629 (oder so ähnlich) zu brennen.

Es war Mitte der achtziger Jahre, als die Computereuphorie auch die mittelständigen Firmen erreichte und alles und jedes gemessen, geprüft, mit Toleranzen verglichen und in Speichermedien für mindestens die nächsten 15 Jahre abgelegt werden sollte. Aber die Computer waren noch riesig, teuer und nicht gerade stromsparend und redundant sollte das System auch noch sein. Wenn man heute zurück blickt und Vergleiche zieht, waren die Systeme damals einfach zu groß, zu teuer und nicht effizient genug. Man muss wirklich nicht alles sofort machen, was gerade eben machbar geworden ist.

Der neue Mischsaal

Die Anforderungen der Automobilindustrie aber auch die Zunahme in der Fertigung machten es notwendig, neue effektive Mischaggregate zu beschaffen. Das heißt also zunächst einmal die unterschiedlichen Mischer zu testen. Hierzu nahmen wir die Rezeptur einer sehr harten, trockenen NBR-Mischung (Polymerbasis: Polyacrylnitrilbutadienkautschuk, z.B. Perbunan der Fa. Bayer AG Leverkusen) und gingen zu den von den Mischer Herstellern empfohlenen Häusern um dort in unserem Beisein die Mischung fertigen zu lassen. Es war eine sehr lehrreiche Zeit. Nicht nur, dass wir andere Elastomerhersteller und deren Probleme kennenlernten, auch die Unterschiede der einzelnen Aggregate wurde uns drastisch vorgeführt.

Wir erlebten mit unserer Rezeptur immer wieder Überraschungen, wobei gesagt werden muss, dass es in unserem „alten“ Mischer keine Probleme mit der Herstellung und dem Walzen dieser Mischung gab. So waren wir bei einem Hersteller, der unter anderem auch Gummistiefel produzierte, der diese Mischung auf einem neuen Kneter mit konventioneller Schaufelgeometrie herstellen wollte. Sein üblicherweise ausgeführtes Mischprogramm ließ nach Öffnen des Sattels zunächst pulverförmige Mischungsbestandteile auf die Walze fallen, der nicht eingemischte Ruß folgte in einer Staubwolke nach. Für den Produktionsleiter war dies alles kein großes Problem. Nach seiner Meinung taugte diese Mischung sowieso nichts und er ersetzte für die nächste Mischungscharge einen Teil des Rußes durch ein Reaktionsharz (Vulkadur A = Phenol-Formaldehyd-Harz mit einem Härter). Nunmehr fiel nach Öffnen des Sattels eine klebriger, fettiger, glänzender Klumpen auf die Walze, der sofort ein nicht beutelndes Fell auf der Walze bildete. Die Vulkanisate ergaben auch noch die richtige Härte. Als Dichtungswerkstoff jedoch war dieser Werkstoff ungeeignet. Der Produktionsleiter kannte seine Mischungen sehr gut und konnte auch fremde Rezepturen schnell auf seine Produkte ausrichten, jedoch war diese Art Rezepturanpassung für unsere Produkte nicht machbar.

Der nächste Versuch fand bei der „großen Mutter Bayer“ in Leverkusen statt. Dort stand, soweit ich mich heute noch erinnere, ein K4 der Fa. Shaw aus Liverpool. Die Mengen der einzelnen Chemikalien wurden auf das Füllvolumen des Kneters umgerechnet, so dass ca. 90 kg eine Mischungscharge ergaben. Mit der ganzen Erfahrung der Bayer-Mannschaft und der vorhandenen Messtechnik war gleich die erste Charge gut gemischt und wurde im Kübelwagen der Walze zugeführt. Eine solch harte Mischung in dieser Menge hatte die Walze anscheinend noch nie gefühlt. Sie verweigerte den Dienst und blieb einfach stehen. Kleine Portionen ließen sich dann zu einem dünnen Fell auswalzen.

Alle diese Erfahrungen haben gezeigt, dass zur Auswahl des richtigen Kneters für unsere Mischungen es am besten ist, gleich beim Kneterhersteller entsprechende Mischungen zu fahren. Letztendlich wurde ein Kneter mit der neuen Technik ineinandergreifender Schaufeln bestellt. Damit waren auch Höhe, Breite und Tiefe bekannt und das Fundament für Kneter und Antrieb konnte aufgebaut werden. Damit kein vierstöckiger Turm in einer vorhandenen Produktionsstätte erstellt werden musste, wurde ein Stahlgerüst gebaut, so dass Mischungsbestandteile aus Silos automatisch zugeführt und der Kneter zu ebener Erde bedient werden konnte. Bei der Erstellung des Stahlgerüstes hatte der Oberbrandmeister ein gewichtiges Wort mitzureden. Der Anstrich, mit dem das Gerüst gestrichen werden sollte, musste eine gewisse Dicke aufweisen und aus einer nach der Verordnung feuerhemmenden Rezeptur bestehen. Denn wenn es einmal brennen würde, muss das Stahlgerüst eine nach der Verordnung vorgegebene Zeit stehen bleiben, bevor es in sich zusammen fallen darf. Bis alles stand, von den Rußcontainern über die Bandwaagen bis zur hydraulisch angetriebenen Walze mit Stockblender und Batch-off-Anlage mit automatischer Trennmittel-Besprühung mussten viel Hürden genommen werden. So wollten wir unbedingt das Leervolumen unseres Kneters bestimmen. Das hätten wir besser gelassen, denn bis wir den Kneter wieder sauber hatten, wurden viele Putzmischungen produziert. Bekannt war, dass man den Kneter mit Gerste oder Roggen auslitert. Dies war uns aber zu unbequem, denn wir wussten nicht, wie wir die Getreidekörner mit Sicherheit wieder restlos entfernen konnten. So benutzten wir lieber kleine Polypropylenkügelchen, von denen wir hofften, dass sie alle von selbst nach Öffnen des Sattels in den unter dem Kneter stehenden Behälter fielen. Dem war leider nicht so. Deshalb die vielen Putzmischungen, in denen immer wieder die kleinen, harten, farblosen Kügelchen auffielen. Andererseits hatte es aber auch was Gutes, denn so lernten wir den Kneter am besten kennen. Am 1. Januar 1981 war es soweit. Wir haben am Feiertag die ersten Mischungen gefahren, um den übrigen Produktionsablauf nicht zu stören. Der Produktionsleiter stand an der Walze und bediente auch die Batch-off. Herr Dunse, unser Mischungsentwickler (Bild 20) fuhr das Kneterprogramm und ich schleppte die übrigen Mischungsbestandteile, die nicht aus den Silos kamen an, war also Handlanger.

Bild 20: Einfahren des neuen Mischers am 01.01.1981

Später wurde eine zweite Kneterlinie hinzugefügt. Beide Linien haben sich bewährt. Proben zur Freigabe wurden direkt von der Walze gezogen und zur Prüfung der Qualitätssicherung übergeben, die dann mit den im Hause entwickelten automatischen Freigabe- und Dokumentationssystem [28] die Proben bearbeitete.

Der große Streik

Im März 1984 scheiterten die Tarifverhandlungen zwischen IG-Metall und den Arbeitgebern und ein Streik war unausweichlich. Bis zum Beginn des Streikes wurden die beiderseitigen Anwürfe immer heftiger und die Sprache immer kriegerischer. Die IG-Metall hatte die 35-Stunden-Woche auf ihre Fahnen geschrieben. Auf den Streik reagierten die Arbeitgeber mit Aussperrungen. Die Atmosphäre war total vergiftet und die Funktionäre redeten in Vokabeln wie „wichtiger Sieg“ oder „Ende ist erst, wenn die Arbeitgeber sich ergeben“. Die Arbeitsgerichte hatten Hochkonjunktur, gegen erstinstanzliche Entscheidungen wurde Berufung eingelegt um bei der nächsten doch noch zu obsiegen. Dieses Klima wirkte sich auch auf die Streikenden, die Arbeitswilligen und die Streikposten aus.

So mussten die Arbeitswilligen bei Opel in Rüsselsheim durch eine lange Gasse von Streikenden bis zum Werkstor Spießruten laufen. Die Gasse war so eng, dass die Leute gewissermaßen Hautkontakt zu beiden Seiten hatten; eine Umkehr war auch nicht möglich. Am Ende der langen Gasse war über dem Werkstor ein übergroßer menschlicher Hintern aus Pappe so angebracht, dass man nur in gebückter Haltung genau durch die Mitte der unteren Hälfte, also gewissermaßen durch den Anus, das Werkstor durchschreiten konnte. Auch dies führte zum Arbeitsgericht, welches entschied, dass die örtliche Streikleitung, die IG-Metall Bezirksleitung

Bild 21: Eingang und Laborgebäude während des Streiks

Bild 22: *Befragung durch die Streikleitung beim 1. Versuch*

und der Vorstand der IG-Metall verpflichtet wenigstens eine zwei Meter breite Gasse frei von Hindernissen zu lassen, damit Arbeitswillige ihren Arbeitsplatz erreichen können.

Wie sollen aber Arbeitnehmer, die sich in dieser üblen Form physisch und psychisch bekriegen, nach Beendigung des Streiks wieder zusammen arbeiten?

Eine der Strategien der IG-Metall war, Zulieferer der Automobilindustrie mit einer gewissen Monopolstellung zu bestreiken, in der Hoffnung dadurch die Bänder im Automobilwerk stillzulegen. Somit wurde auch die KACO bestreikt und ich wurde mit Streik, Streikposten und IG-Metall konfrontiert. Die Heilbronner Stimme titelte am Samstag, dem 19. Mai 1984: „Auch das KACO-Werk Heilbronn wird seit gestern bestreikt". Wie üblich fuhr ich am Freitag dem 18. Mai gegen halb acht am Werkstor vor. Zu meinem Erstaunen, denn von dem Streikbeschluss wusste ich nichts, stand eine Menschentraube vor dem Schlagbaum an der Einfahrt. Alle Vorgänge wurden von einem KACO Mitarbeiter aus dem vierten Stockwerk des Gebäudes hinter der Einfahrt photographiert (Bild 21), so auch meine Ankunft. Übrigens, die Fenster im oberen Stockwerk gehörten alle zum Labor. Neugierig steckte ein Behelmter seinen Kopf in mein Fahrzeug, es war der langjährige und auch wohlbekannte Betriebsratsvorsitzende und verlangte meinen Ausweis (Bild 22). Es war wohl eine der peinlichsten Situationen, denn

Bild 23: *Einlass beim 4. Versuch, ohne Ausweiskontrolle*

obwohl er mich genau kannte verlangte er das Vorzeigen eines Ausweises (den ich außerdem nicht hatte). Ich erklärte ihm, dass auf einer öffentlichen Straße nur Beamte mit entsprechender Befugnis von mir das Vorzeigen eines Ausweises verlangen können. Wie dem auch sei, die Situation eskalierte. Von weiteren Behelmten wurden mir Prügel angedroht. Ich erinnere mich besonders an einen Hänfling, den ich am ausgestreckten Arm hätte verhungern lassen können, der mit Rückendeckung der Masse hier besonders aktiv war. Ich schloss daher das Fenster und fuhr vorsichtig rückwärts und begab mich zum nächsten Polizeiposten, der war nur einige hundert Meter entfernt.

Dort bat ich dafür zu sorgen, dass die öffentliche Straße (wenn auch Sackgasse) geräumt wurde. Offensichtlich hat der Polizeiposten schon mit irgendwelchen Schwierigkeiten gerechnet. Jedenfalls erklärten die Polizisten mir, dass nach Rücksprache mit der Streikleitung in Stuttgart mir nun freie Einfahrt ins Werk gegeben würde. Dies war jedoch nicht der Fall. Deshalb fuhr ich zum zweiten Mal zum Polizeiposten und erstattete Anzeige wegen Nötigung. Protokollaufnahme, hektische Telefonate waren die Folge. Das Prozedere wiederholte sich, Gespräche mit der Streikleitung in Stuttgart, die Versicherung, dass ich jetzt Einlass erhielte und ich ein drittes Mal vorfuhr, wieder ohne Erfolg. Mittlerweile war das Gejohle groß, wenn mein Fahrzeug in Sicht kam. Also wieder zur Polizei, Bitte um Geleit, Telefongespräche mit der Streikleitung in Stuttgart, Versicherung, dass ich nun wirklich auch ohne Eskorte Einlass erhalte. Nun beim vierten Versuch wurde ich unter beleidigenden Beschimpfungen eingelassen (Bild 23), mit den Bemerkungen, dass man sich auf den Montag besonders freue.

Im Laufe des Vormittags rief mich ein Freund aus Hannover an, der fragte, was denn bei der KACO in Heilbronn los sei; über das Radio hätte er die Meldung vernommen, dass es zu einem Zwischenfall gekommen sei, als der Chefchemiker der KACO das Werk betreten wollte. Nun erzählte ich ihm die ganze Geschichte. Kurz darauf wurde ich zu einer Besprechung ins Pförtnerhaus gerufen. Unter der Leitung des Personalchefs wurde ich gebeten den anwesenden Herren meine Version des Vorganges zu schildern. Anwesend waren außerdem ein Redakteur der Heilbronner Stimme, der Geschäftsführer Herr Richard Heinrich und wie ich später erfuhr Herr Zwickel von der Bezirksleitung der IG-Metall (im Laufe der Jahre ist er

Auch das KACO-Werk Heilbronn wird seit gestern bestreikt

Produktion stillgelegt / Im Unterland streiken 3550 Metaller

Ganz überraschend streiken seit gestern auch die 682 gewerblichen Arbeitnehmer in dem Heilbronner KACO-Werk und legten die Produktion still. Weil ein leitender Angestellter nur gegen Vorzeigen des von Personalleitung und Betriebsrat abgezeichneten „Passier-Scheins" das Werksgelände betreten konnte, erstattete er Strafanzeige wegen versuchter Nötigung gegen die IG Metall. Zusammen mit den gewerblichen Arbeitnehmern bei KS Neckarsulm (2300) und in den KACO-Werken Lauffen (137) und Kirchardt (236) streiken jetzt rund 3550 Beschäftigte in der Metallindustrie im Unterland.

Frühmorgens gegen 4.30 Uhr erschienen die ersten Streikposten, bei denen es sich um Streikende von KS Neckarsulm handelte, vor dem Werkstor von KACO in der Cäcilienstraße in Heilbronn. Später kam noch eine größere KS-Gruppe mit einem Bus hinzu. Als die KACO-Arbeitnehmer kurz vor 6 Uhr zur Frühschicht wollten, wurde an sie der Streikaufruf der IG Metall verteilt: „Das Vorgehen der Geschäftsleitung macht es notwendig, ab sofort auch das KACO-Werk Heilbronn in den Streik einzubeziehen."

Die 295 Heilbronner KACO-Angestellten konnten unbehindert das Werk betreten, mußten allerdings vorher einen von Personalleitung und Betriebsrat abgezeichneten „Passier-Schein" zeigen. Auch den mit Material beladenen Lastwagen wurde die Zufahrt freigegeben. „Alles, was bis Dienstag anrollt, wird reingelassen und darf abladen", hieß es.

Zu einem Zwischenfall kam es, als sich der Chefchemiker von KACO geweigert haben soll, sich beim Betreten des Werksgeländes auszuweisen. Er fuhr zunächst zur Polizei, die ihn bat, es noch einmal zu versuchen. Auch bei der zweiten Begegnung am Werkstor kam es zum Konflikt, der schließlich dazu führte, daß er bei der zweiten Fahrt zur Polizei eine Anzeige wegen versuchter Nötigung erstattete. Beim dritten Versuch, das Werk zu betreten, ließ man ihn durch, nachdem er den „Passier-Schein", den man ihm inzwischen gegeben hatte, durchs Wagenfenster vorzeigte.

Als Gründe für den überraschenden Streik gaben IG Metall und Betriebsrat zwei Ursachen an. Erstens habe die Firma mehrfach Überstunden mit einer Arbeitszeit von bis zu zwölf Stunden ohne Genehmigung des Betriebsrates und des Gewerbeaufsichtsamtes angeordnet. Zweitens sei im bestreikten Gummi-Mischwerk in Kirchardt in einer „Nacht-und-Nebel-Aktion" von Angestellten Rohgummi hergestellt und mit Personenwagen ins Heilbronner Werk transportiert worden.

Von der Geschäftsleitung wurden diese Vorwürfe zurückgewiesen. Im April seien wie üblich die Überstunden für Mai von der Betriebsleitung pauschal beantragt worden. Am Donnerstag, 10. Mai, hätten die Abteilungsleiter die Überstunden für die Woche vom 14. bis 19. Mai detailliert beantragt, ohne daß der Betriebsrat danach widersprochen habe. Auch habe es sich im Höchstfall um eine tägliche Arbeitszeit von neun Stunden gehandelt.

Fortsetzung nächste Seite

Wehrmänner ist nach Ansicht von Landrat Otto Widmaier zu verdanken, daß Nachbargebäude nicht in Mitleidenschaft gezogen und größerer Schaden verhindert werden konnte. Unmittelbar nach der Alarmierung war er selbst zur Brandstelle geeilt.

Der Landrat gegenüber der HSt: „Es ist zu hoffen, daß der Blaue Turm als Wahrzeichen der Stadt Bad Wimpfen, der erst vor wenigen Jahren mit hohem Aufwand restauriert werden mußte, rasch wiederhergestellt werden kann. Der Landkreis hat seinerzeit die Restaurierungsarbeiten gefördert; falls die Stadt erneut Hilfe brauchen sollte, wird der Kreistag sicher nicht engherzig sein."

Bild 24: Auszug aus der Heilbronner Stimme vom 19. Mai 1984

bis zum Vorsitzenden der IG-Metall empor gespült worden). Ich hatte kaum den ersten Satz vollendet, als jener Gewerkschaftler lauthals losbrüllte: „Der lügt".Auch beim zweiten Satz kam der gleiche Zwischenruf von besagtem Herren. Daraufhin erklärte ich, dass ich mit meiner Schilderung gerne fortfahren würde, ohne jedoch dauernd durch Einwürfe immer desselben gestört zu werden. Nach gutem Zureden durch die „Presse" hielt Herr Zwickel dann den Mund, so dass ich meinen Bericht vollenden konnte und entlassen wurde. Am nächsten Tag konnte ich in der Zeitung eine etwas von meinem Bericht abweichende Reportage lesen.

Die Vorfreude der Streikleitung auf einen weiteren Waffengang am Montagmorgen war jedoch vergebens. Gewitzt durch die Vorgänge parkte ich meinen Wagen in einer Nebenstraße und betrat das Werk dank meines Generalschlüssels durch einen Seiteneingang. Als ich später im weißen Kittel (Chemikerdress) über den Hof ging, war das Erstaunen draußen vor der Tür sehr groß.

Nach Ende des Streiks wurden die Emotionen sehr schnell wieder herrunter gefahren. Was aber blieb war, wie man an sehr vielen Reaktionen sah, ein Stachel im Unterbewusstsein der Kontrahenten, der sich in mangelndem Vertrauen ausdrückte. Es brauchte eine geraume Zeit, bis all die physischen und psychischen Bösartigkeiten, die hochgekocht waren, die Drohungen und Repressalien, die ausgesprochen und durchgesetzt wurden, zwar nicht vergessen, aber doch verziehen wurden.

Normgröße

Wenn auch die meisten Dichtungskonstruktionen für die Automobil- und die sogenannte weiße Industrie[1] entwickelt wurden, so gab es auch Sonder(bare) - Entwicklungen, die für Menschen und eine ganz speziell für Männer gedacht waren.

Auf Grund der gesetzlichen Vorschriften ist bei Arbeiten über einer gewissen Geräuschbelastung Lärmschutz vorgeschrieben. Hierzu stehen an den

[1]Weiße Industrie: Haushaltsgeräte z. B. Waschmaschinen, Geschirrspüler, Wäschetrockner etc.

Bild 25: Phonisol, im KACO Jargon Ohrenstopfen im Vergleich zu einer Bleistiftspitze

Fabrikeingängen Automaten, aus denen Wattebällchen für den Gehörschutz gezogen werden können, die dann nach Arbeitsende einfach mit dem normalen Müll entsorgt werden. Im allgemeinen dämpfen diese im äußeren Gehörgang sitzenden Wattepropfen die Lautstärke über den gesamten Frequenzbereich ziemlich gleichmäßig und zum Teil so stark, dass die gegenseitige Verständigung eingeschränkt ist. Und hier setzte die Entwicklung eines Erfinders im Hause KACO an. Aus einem sehr weichen Silikonwerkstoff, die Härte in Shore A war nicht mehr nach DIN 53505 bestimmbar, wurde ein gehörgängiges Teil mit einer besonderen Geometrie entwickelt. Bei der Funktionsprüfung an der PTB (Physikalisch Technische Bundesanstalt) in Braunschweig wurde diesem Teil eine besonders gute Dämpfung allgemeiner Geräusche, also Krach, bestätigt. Ein Name für das Produkt wurde auch registriert: „Phonisol“ (Bild 25). Zu diesem Teil gesellte sich noch ein Kunststoff-Schächtelchen und ein Band, so dass die Dichtungen auch an einem Bändsel getragen werden konnten. Im Gegensatz zu den Wattebällchen sollten die Silikondichtungen regelmäßig gewaschen werden und konnten somit über Jahre hinweg getragen werden. Gerade die Reinigung und Pflege waren eben die Hinderungsgründe für eine weite Verbreitung, denn damals war der Umweltgedanke noch nicht soweit gesponnen wie heute, wo vergleichende Untersuchungen „von der Wiege bis zur Bahre“ angestellt werden. Jedenfalls war in der Zeit vor Weihnachten Hochkonjunktur im Labor für die Herstellung der Teile. Zu guter Letzt gab es sogar eine dreifach Form, die aus Ober- und Unterteil und aus je zwei radial geteilten Formenhälften bestand. Um ein Verkleben zu verhindern wurden sie mit Hexenmehl (=Lycopodium = Bärlappsporen) gepudert. Auf Grund der besonderen Form und der Dichtwirkung hatten diese Lärmschützer im gesamten Betrieb ganz spezielle Bezeichnungen. Der offiziell registrierte Namen wurde praktisch nie benutzt. Ganz wichtig jedoch war, wir hatten einen Werkstoff, der für Kontakt mit menschlichen Körpern zu gelassen war.

Zu jener Zeit musste ein Außendienst-Mitarbeiter mit Niereninsuffizienz sich einer stationären Behandlung in einem Krankenhaus unterziehen. Dabei kam er mit Problemen in Berührung, die insbesondere bei älteren Männern auftreten und nun ja in dieser Klinik eben gehäuft. Es handelt sich dabei um die Inkontinenz und das ist eindeutig ein Dichtproblem. Im Hause KACO fand der Anwendungstechniker offene Ohren, so dass wir dieses Dichtungsproblem angingen. Werkstoff war ja, wie schon geschildert vorhanden. Wie überall bei Dichtungen gibt es zwei Dichtungsflächen, eine äußere, wie beim RWDR gegen das Gehäuse und eine innere, gegen das Medium. Mediumseitig war dies einfach mit einem Kugelquetschventil zu lösen. Hierbei wird eine harte Kugel in einem weichen Elastomer so eingelagert, dass die Austrittsöffnung verschlossen ist. Erst bei Verformung des Kugelgehäuses wird zwangsläufig das Ventil geöffnet. Schwieriger war jedoch die Abdichtung „gehäuseseitig". Hier half allerdings die Natur, die eine Verjüngung hinter der Vorfront des Gehäuses vorsieht. In dürren Worten, der Eichelsprung diente zur Aufnahme einer Art O-Ring bzw. einer Verdickung des Membranendes (Bild 26).

Nun war natürlich klar, dass die Dichtung nur dann dicht war, wenn der Anpressdruck des O-Ringes größer war als der Druck des Mediums, der Harndruck. Da aber ein erhöhter Anpressdruck die Empfindungen des Trägers nur negativ beeinflusste, war also, wie sich bei dem am Objekt - alter Mann - durchgeführten medizinisch statistisch abgesicherten Tests herausstellte, dieses System auf Grund des mangelnden Tragekomforts nicht mit Erfolg gekrönt. Auch weitere Änderungen, wie einen Dichtkegel in den Ausgang der Harnröhre zu verlegen, führten aus gleichem Grund zur Ablehnung. Also ist leider aus diesem Dichtsystem trotz Patent [34] nichts geworden und die

Bild 26: Titel des Patentes: Vorrichtung zur Verwendung bei Blasenstörung bei Männern

Lösung der Probleme der insuffizienten älteren Herren werden wieder auf die ihrer Kindheit reduziert: Es werden wieder, wie bisher, Windeln bzw. Pampers getragen.

Eines jedoch kam bei dieser Dichtungsentwicklung klar zum Vorschein: Die Größe der abzudichtenden Stelle. Und hier wurde das Projekt ganz erheblich von der Ärzteschaft beeinflusst. Zunächst einmal musste die allgemeine äußere Form des gesamten Ablasssystems, also die Gehäuseseite mit ihrer Biegung in Länge und Durchmesser in Normgröße nachgebildet werden. Dann ging es an die Modellierung der im Original so empfindlichen Vorfront des Gehäuses. Jedenfalls war die Ärzteschaft mit dem aus Stahl replizierten Bauteil „Gehäuse" recht zufrieden, wenn auch der Sockel im Gegensatz zur Form im Original aus einer einfachen Platte bestand. Das äußere Teil der Form konnte funktional gestaltet werden.

Leider sind Zeichnungen und insbesondere die Form unauffindbar. Gerne möchte ich wissen, auf welchen Schreibtisch sie jetzt als Buchstütze oder Briefbeschwerer steht. Wie auch immer, jedenfalls wissen alle, die an dem Projekt mitgearbeitet haben, was Normgröße ist.

Weihnachtsfeiern

Von meinem Lehrmeister, Herrn Dr. Judas, habe ich gerne die Danksagung an die Mitarbeiter übernommen. Weihnachten war und ist immer ein guter Zeitpunkt um auf das abgelaufene Jahr zurückzublicken, Bilanz zu ziehen und den Mitarbeitern und Kollegen Dank für ihre geleistete Arbeit zu sagen (Bild 27). Es hat sich also im Labor eingebürgert, dass wir im Dezember im Labor ein „großes Fressen" veranstalten. Jeder hat dazu irgendetwas beigetragen (Bild 28), von der Vorspeise bis zum Dessert und war auch für die Zubereitung verantwortlich, siehe Nummerierung auf der Menükarte (Bild 29). Alles wurde im Labor zubereitet, ja sogar die Heizöfen wurden zum Kochen benutzt. Die Möglichkeit mit dem Computer Menükarten mit kunstvoll verschnörkelter Schrift auf Karton mit Einlegeblättern zu versehen und mit einer Goldkordel zusammen zubinden, gab dann der Festivität auch den nötigen Rahmen. Der große Labortisch wurde abgeräumt und festlich gedeckt, sogar Tischkarten wurden erstellt. Natürlich trugen hier auch die Lieferanten mit den Weihnachtspräsenten zur festlichen Gestaltung bei. In einer Tombola wurden die Geschenke, von der Tulpenzwiebel bis zum Kalender verlost. Dann begann aber erst der Spaß, denn nun begann das Tauschen,

Bild 27: Weihnachtsfeier im Labor

das natürlich mit der Anpreisung des Geschenkes und mit dem Feilschen um das bestmögliche Tauschobjekt verbunden war. Auch dieses Zeremoniell schweißte das Labor zu einer Gemeinschaft zusammen. Den Abschluss bildete meist eine Feuerzangenbowle nach dem Beispiel von Erich Kästner. Im Kerzenlicht und dem bläulichen Licht des brennenden Zuckerhutes ließ sich trefflich über die im fast abgelaufenen Jahr erlebten Dinge erzählen oder kontrovers diskutieren.

Bild 28: Zubereitung im Nasslabor

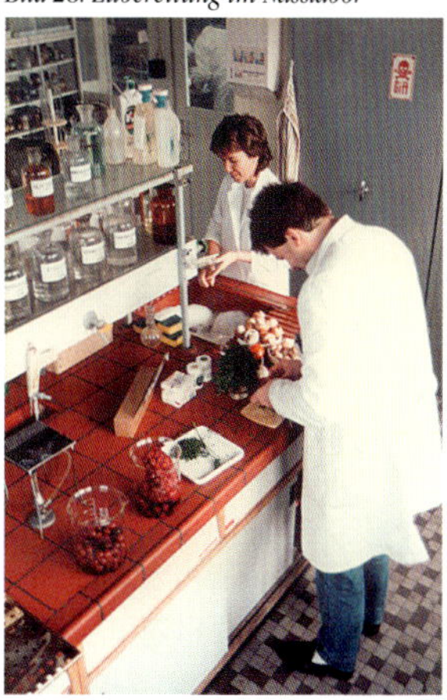

Bild 29: Weihnachtsmenü 1984

Weihnachtsmenue 1984 LAB

Aperitif
Kir blanc de blanc (1)

Hors d'oeuvres
Krabbencocktail (2)
Bundnerfleisch (3)
Weinbergschnecken in Krauterbutter (4)

Les vins
A la carte du Pere Noel

Plats
Filetsteak (5)
Mandelballchen (6)
Gemischte Gemuseplatte (7)

Digestif
Himbeergeist
Calvados
Grand Marnier
Turkischer Kaffee (9)

Desserts
Heisse Bananen in Honig (8)
Vanilleeis mit heissen Schattenmorellen (10)

Der zweite Abgesang

Die achtziger Jahre brachten große Veränderungen. Die japanische Industrie drängte mit Macht auf den europäischen Markt. Was zuvor der Phono- und der Kameraindustrie passierte, schien nun auch den Fahrzeugherstellern zu blühen. Die japanischen Pkws waren billiger und zu aller Erstaunen auch wesentlich reparatur-unanfälliger, wie die ADAC-Tests regelmäßig bewiesen. In Scharen pilgerten sie (die Kfz-Hersteller) nach Japan und kamen mit immer neuen Ideen und Kürzeln, letztere nicht mehr im amerikanischen Slang, sondern Bezeichnungen wie KAN-BAN, übersetzt zu Qualitätszirkel, Ishikawa Diagramm oder KAIZEN, TEIAN usw. zurück und versuchten von oben diese Methoden insbesondere ganz unten in der Linie durchzusetzen. Alle haben ihre Lektionen gelernt. Heute ist der Unterschied in der Entwicklung der Qualitätsphilosophie zwischen Japan und den westlich orientierten Industriestaaten [35], wie er nach dem Zweiten Weltkrieg entstand, längst aufgehoben und alle weltweit orientieren sich an der ISO 9000 [36]. Dank deren enormen Anstrengungen erging es insbesondere der deutschen Automobilindustrie nicht wie den Kameraherstellern und den Produzenten von Unterhaltungselektronik. Natürlich hatten diese Anstrengungen auch Auswirkungen auf die Zulieferindustrie. Der sicherste Weg in die Null-Fehler-Produktion (die es nie geben wird) war und ist Teile mit diesem Anspruch zu produzieren und nicht auszusortieren.

Dies war nun Anlass für mich eine Rückschau auf meine nun elfjährige Tätigkeit zu halten, das Erreichte Revue passieren zu lassen und Vorstellungen, Programme für die künftigen Aktivitäten in Forschung und Entwicklung sowie deren Umsetzung in der Produktion zumindest gedanklich auszuarbeiten. Über Weihnachten 1986 hatte ich dazu genügend Zeit und Muße. Im März 1987 brachte ich dann meine Vorstellungen zu Papier. Meine Ideen ließ ich auch der Firmenleitung zukommen.

Wenn man bedenkt, dass noch Ende der achtziger Jahre Herr Günter Walter von (damals) Daimler Benz bemängelte, dass bei Elastomerbauteilen immer noch 6% fehlerhafte Teile beim Endabnehmer ankommen, bei Metallspritzguss dagegen wesentlich weniger als 1% [37], so sieht man, welches Verbesserungspotenzial in jenen Jahren noch aufzuarbeiten war. Die Symposien (zumeist in des Wortes eigentlicher Bedeutung) in diesem Zeitraum, seien sie nun von der DKG oder dem VDI initiiert, zeigten deutlich auf, wo in der Kautschukindustrie noch Innovationen notwendig waren. Die Vorträge dort bewiesen aber, dass die Probleme erkannt, bearbeitet wurden und auch schon Lösungen angegeben wurden. Auch bei der KACO, speziell im Labor, wurde an solchen Problemen gearbeitet und wie schon geschildert Lösungen vorgestellt. Wir waren also was F+E anbelangt, auf dem Stand der Technik, ja, bei manchen Dingen sogar unter den Schrittmachern. Die Aktivitäten waren in der Branche auf Grund der Veröffentlichungen bekannt. Diese dienen einerseits dem Renommee der Firma, andererseits aber auch dem Bekanntheitsgrad des Autors. Das weckt dann bei Managern anderer Firmen Begehrlichkeiten, wenn gerade Mangel an einem Laborleiter besteht oder der zur Zeit aktive in den wohlverdienten Ruhestand tritt. Auch heute noch muss ein Gummifachmann entweder im eigenen Betrieb ausgebildet (was das beste ist) oder von Wettbewerbern abgeworben werden. Gummi kann man eben nicht studieren.

Anlässlich der Hannover Messe 1987 trat also der damalige Technische Direktor der Firma Parker Prädifa an mich heran und bot mir die Stelle eines „Leiters der Entwicklung Chemie" an. Namen und Titel sind wie Schall und Rauch, aber das erfuhr ich erst später. Das Angebot war deshalb verlockend, weil die Aktivitäten nicht auf Deutschland begrenzt waren, sondern die Möglichkeiten eines weltweiten Agierens einschlossen.

Ich war gewillt, das Angebot anzunehmen. Die Kündigung fiel mir allerdings nicht leicht, in den elf Jahren erfolgreicher Arbeit hatten sich doch Verbindungen ergeben und wurden Beziehungen aufgebaut, die ich nun zurücklassen musste. Weiterhin wollte ich im Einvernehmen mit der Firmenleitung ausscheiden. Hier kam mir die Geschäftsleitung sehr entgegen, nicht nur damit, dass sie auf die Einhaltung des Wettbewerbsverbots verzichtete, sie ließ mich zum nächstmöglichen Termin, dem 01.07.1988 ziehen. Das gab mir für das letzte halbe Jahr die Gelegenheit, die begonnenen Projekte noch zu einem guten Ende zu führen.

KAPITEL 6

Hundejahre

6

Ein hoffnungsvoller Neuanfang

Bei der Parker Hannifin GmbH Prädifa Packing Division, heutige Bezeichnung, in Bietigheim stand ein Generationswechsel an. Der derzeitige Stelleninhaber, Herr Dr. Khairi Nagdi, ein in der Gummiindustrie [38] und darüber hinaus wohlbekannter Mann, kam in das Alter, in dem man langsam an den Ruhestand denkt (im übrigen steht dieser Wechsel gerade jetzt wieder an). Da man Gummi im Allgemeinen und Elastomere für Technische Artikel im Besonderen trotz vieler Bemühungen seit Auflösung des Kautschukinstitutes in Hannover bis zur Neugründung des DIK [39, 40] in Deutschland nicht studieren konnte, blieb also nur die Abwerbung. Der Technische Direktor suchte in weiser Voraussicht auf diesem Wege nach einem Ersatz für den „Leiter Entwicklung Chemie innerhalb der europäischen Parker-Dichtungsgruppe", der „außerdem alle wichtigen Entwicklungsprogramme und Aktivitäten mit den entsprechenden Stellen innerhalb der Parker-US-Dichtungsgruppe koordiniert". Offensichtlich hatte er aber mehr vor als nur die Leitung der chemischen Entwicklung neu zu besetzten. Über diese Pläne haben wir nie geredet. Jedoch erscheint mir aus heutiger Sicht, dass die Einstellung eines mit Polymeren vertrauten mathematischen Physikers sowie eines an der renommierten Eindhovener Schule studierten Dichtungsfachmanns zu einem Entwicklungszentrum innerhalb des Konzerns und außerhalb der USA führen sollte. Wie dem auch sei, erwies sich doch die Zusammensetzung dieses Gremiums, wie sich in den Arbeiten zeigte, als äußerst fruchtbar. Wenn auch der dritte im Bunde, der Dichtungsfachmann, recht bald wieder zurück nach Eindhoven ging (aus Heimweh nach Holland und dem Institut?), so gestaltete sich die weitere Entwicklungsarbeit so, dass allen Abwerbungsversuchen zum Trotz (was sicherlich nicht nur mich angeht) bis zum heutigen Tage die gemeinsame Arbeit von Erfolg gekrönt ist, zumindest sehen wir das an Bezeugungen verschiedener Firmen, ja sogar des größten Wettbewerbers.

Die erste Zusammenarbeit: Härte

Härte ist, aus der Sicht eines Chemikers, in der Gummiindustrie ein Maß, mit dem vor allem Konstrukteure glauben eine Kenngröße für Elastomere in der Hand zu haben. Es ist eine von Generation zu Generation überlieferte Größe, deren Wert für bestimmte Einsätze festgelegt zu sein scheint: „45 Shore A für Profildichtungen an Türen, 60 Shore A für Reifenlaufflächen, 75 Shore A für Dichtungen im Allgemeinen und 90 Shore A für Hochdruckdichtungen“. Die Härte ist außerdem recht einfach zu bestimmen. Man benötigt einen Eindringkörper, zum Beispiel eine Kugel, die mit einer bestimmten Kraft belastet wird und dadurch den Gummi verformt und einen Eindruck erzeugt. Die Eindringtiefe lässt sich leicht und vor allem schnell messen und ist ein Maß für die Härte, wie das ja schon von den Metallen her bekannt ist.

Bild 30: Diese Arbeit war es sogar wert, auf Seite 2 in den „Parker News Network / September 1990“ Erwähnung zu finden

Parker Engineers Develop New O-ring Formula

Dr. Gerhard Streit, Chemical Development Manager (pictured below, left) and Dr. Manfred Achenbach, New Markets and Applications Manager (standing), Parker Seals, Bietigheim and Pleidelsheim, West Germany, developed a calculation formula that proves the hardness of an O-ring corresponds to the hardness obtained on a standard sample.

Und gerade hier liegt das Missverständnis. Denn Gummi verhält sich nicht wie Metall. Die durch die Kraft erzwungene Verformung ist von der Teilegeometrie, der Vulkanisation, von der Zeit und Temperatur abhängig und außerdem noch von der Vorgeschichte, was, wie ich lernen durfte, mathematisch ausgedrückt ein Tensor ist.

Immer wieder wird vom Endverbraucher gefordert, dass die an einem

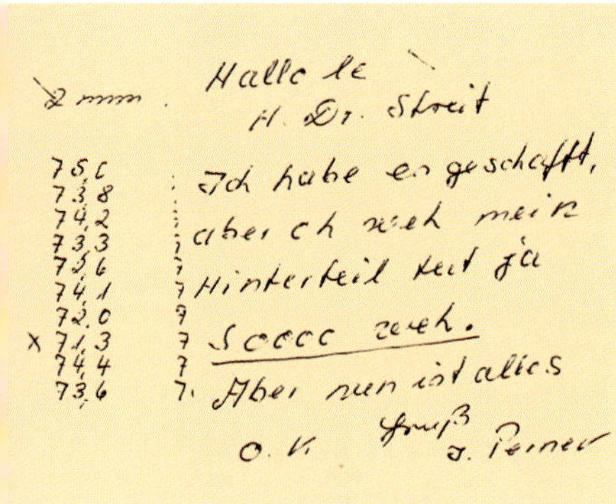

Bild 31: *Kommentar einer Laborantin nach Abschluss der vielen, vielen Messungen: Hallole H. Dr. Streit Ich habe es geschafft, aber oh weh mein Hinterteil tut ja soooo weh. Aber nun ist alles o.k. Gruß I. Perner*

Bauteil gemessene Härte den Vorgaben, erzielt an einem geometrisch einfachen Prüfkörper, entspricht. Hier finden die Verwender von O-Ringen immer wieder große Härteunterschiede bei gleichem Werkstoff aber verschiedenen Schnurstärken (so bezeichnet man die Dicke eines O-Ringes). Liegt die Härte bei dünnen Schnurstärken unter dem mit gewissen Toleranzen versehenen Nennwert, so führt dies zumeist zu Reklamationen. Man kann nun diesen Reklamationen begegnen, indem man die Mischung etwas verändert und ihr durch mehr Füllstoff mehr Härte und sogar eine höhere Gewinnmarge verleiht, oder aber der Sache auf den Grund geht.

Soweit der etwas vereinfacht dargestellte Tatbestand, der dann die Aktivitäten der Weisen in ihrem Elfenbeinturm, so die Bezeichnung eines O-Ring-Managers für die F+E Abteilung, auslöste. Die Wertschätzung sowohl der Weisen als auch ihrer Arbeit drückt sich wohl am besten in dem Statement dieses Managers aus: „Wie viele O-Ringe können wir durch diese Arbeit mehr verkaufen!“. Den Zusammenhang zwischen Schnurstärke des O-Ringes und seiner vom Nennwert des Werkstoffes abweichenden Härte darzustellen, war denn auch unsere erste gemeinsame Arbeit [41].

Doch, ohne Fleiß kein Preis oder welche markigen Sprüche man sonst noch für den Tatbestand nimmt, dass zunächst einmal Daten erstellt werden müssen, um die Aussage auch zu untermauern. Also mussten Messungen sowohl an O-Ringen unterschiedlicher Stärke als auch an Platten von verschiedenen Werkstoffen durchgeführt werden. Dies natürlich auch noch in einer Zahl, die eine statistisch abgesicherte Aussage zulässt. Es bedurfte schon einer gewissen Überzeugungskraft, dass das Labor diese zusätzliche Arbeit durchführte, wobei nicht nur die Messung selbst, sondern die ganze Organisation, Mischung abrufen, Platten vulkanisieren, O-Ringe vom Lager ausfassen etc., einen erheblichen Aufwand mit sich brachte, wobei wir noch so unbescheiden waren, wenn schon so viele Werkstoffe vorlagen, dann doch auch noch die Spannungs-Dehnungsmessungen durchführen, damit wir den Zusammenhang zwischen Härte und Elastizitätsmodul gleich mit abhandeln können. Die Literaturrecherche hat zwar viele Artikel über die Härte bei Gummi, deren Messung und den Zusammenhang mit dem Elastizitätsmodul ergeben, aber leider keinen Artikel, der unser Problem behandelte, so mussten wir das Problem von seinem Ursprung her angehen. Den theoretischen Ausbau und die zugehörige Mathematik lieferte Dr. Achenbach, während ich mich darauf beschränkte, die Messwerte statistisch zu bearbeiten. Natürlich wurde diese Arbeit zu Werbezwecken ausgeschlachtet und erschien nicht nur im Dichtungsreport der Parker European Seal Group, nein sie war es auch wert, in den monatlich zur Information der Parker Mitarbeiter weltweit erscheinenden „Parker News Network" erwähnt zu werden.

Mit dieser Arbeit haben wir zwar den Beweis erbracht, dass es Unterschiede zwischen Messungen an ebenen Plattenmaterial und gekrümmten Oberflächen von Bauteilen, insbesondere O-Ringen geben muss, die auch noch abhängig von der Größe des O-Ringes sind, aber für den Praktiker handhabbar ist diese Arbeit nicht. Deshalb haben wir uns entschlossen ein Diagramm anzufertigen, aus dem der Anwender, wie er in den „Parker Network News" so treffend beschrieben ist, als „Laboratory specification engineer, design engineer and quality assurance personnel" den Zusammenhang ersehen kann. Es ist hier nicht der Raum um auf die Nichtlinearität der Unterschiede einzugehen, jedoch zeigt das Diagramm, dass es ein schwieriger Kompromiss ist und weist auch denjenigen, die die Härte auf Stellen nach dem Komma genau haben wollen, die wahre Bandbreite einer Härtemessung nach.

Bild 32: Eine Beurteilungshilfe für Ingenieure

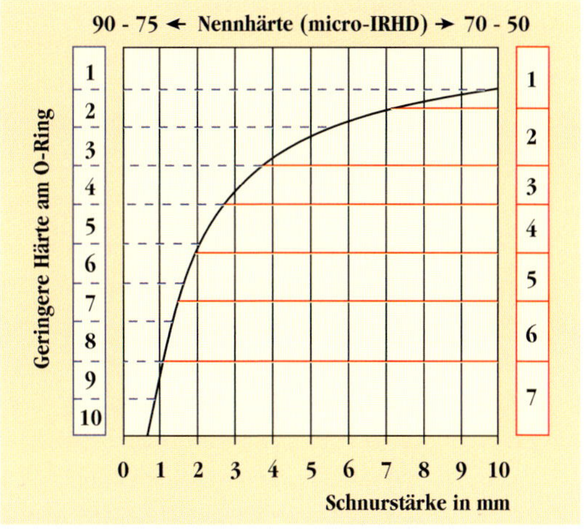

Eine (fast) unendliche Geschichte

Der Brand eines Fahrzeuges hatte Folgen, die mich letztlich mehr als zehn Jahre beschäftigten, ja heute noch Anlass zu Untersuchungen und Veröffentlichungen geben. Bilder, die wir Anfang der neunziger Jahre entwickelt haben, verwende ich noch heute in Vorträgen und immer wieder erzeugen diese „Aha“-Effekte. Eigentlich geht es um die besonderen Gummieigenschaften, die zwar in der wissenschaftlichen Literatur beschrieben sind, deren Konsequenzen aber den Autobauern nicht bewusst sind und daher solche Banalitäten verkündet werden: „Dichtungen haben zu dichten!“ Dies war Ausspruch des damaligen Ölpapstes von Mercedes Benz, anlässlich einer Tagung bei der Technischen Akademie in Esslingen. Ich erinnere mich deshalb so genau daran, weil ich ob der kategorischen Forderung und bezüglich des Unverständnisses für die Dichtungsproblematik einen ziemlich schroffen Brief an den Leiter dieser Tagung, Herrn Prof. W. Bartz, geschrieben habe. Aber viel gefruchtet hat dies auch nicht. Die Herren Konstrukteure agieren und reagieren auch heute noch so, wie der Ölpapst damals.

Anlass für die Beschäftigung mit den Gummieigenschaften bei tiefen Temperaturen war also ein Fahrzeugbrand. Ein Personenwagen war in Brand geraten, so die Fama, weil eine Dichtung bei einer Temperatur wesentlich unter 0 °C undicht wurde. Dadurch tropfte der Kraftstoff auf den heißen Abgaskrümmer, entzündete sich und löste den Kraftfahrzeugbrand aus.

Ein Sicherheits- und Umweltproblem

Im Kraftstoffkreislauf vom Tank, meist hinten im PKW, zum Motor, meist vorne im PKW, wird das Benzin durch Schläuche und starre Leitungen gepumpt. Dabei durchläuft es auch noch einen Filter und kommt schließlich im Kraftstoffverteilerstutzen an. In Bild 33, links oben, ist dieser für einen sechszylindrischen Reihenmotor mit den anhängenden Einspritzventilen dargestellt. Überall dort, wo lösbare Übergänge von einem auf das andere Bauteil vorhanden sind, werden Dichtungen eingesetzt. Zumeist sind dies Gummi -O- Ringe. Unter ganz besonderen Bedingungen kann zwischen Gummiring und Bauteil ein Spalt entstehen und der unter Druck stehende Kraftstoff wird durch diesen Spalt ins Freie gepresst. Nicht nur, dass der Kraftstoff brennbar ist und deshalb besonders vorsichtig zu handhaben ist, nein er zerstört auch noch die Ozonschicht, weshalb zur Zeit mit aller Macht weltweit absolute Dichtheit gefordert ist und darüber hinaus minimale Permeation per Gesetz vorgeschrieben wird. Wurden 1990 in Deutschland noch 1,5 Mio. Tonnen Kohlenwasserstoffe durch den Straßenverkehr in die Umwelt freigesetzt, so sollte dies bis 2010 um 90 % reduziert werden [42].

Das Problem und die technische Lösung

Die gesetzgeberischen Vorgaben verlangen, dass alle Emittenten überprüft und die Emissionen dem technischen Stand gemäß verringert werden, so auch die Dichtstellen. Am Beispiel eines Dichtsystems im Kraftstoffkreislauf, der Verbindung zwischen dem Kraftstoffverteilerstutzen und dem Einspritzventil soll das Dichtproblem und seine technische Lösung dargestellt werden.

Ein Dichtring wird auf die „Stange" des Einspritzventils aufgezogen und dabei ein bisschen gedehnt. Die Kraft, die dabei aufgewendet wird, entspricht der Dichtkraft auf der Stange. Über dieses Teil wird nun das Gehäuse des Kraftstoffverteilerstutzens geschoben. Dabei wird der Dichtring zusammengepresst. Auch die hierzu notwendige Kraft entspricht der Dichtkraft. Beim Abkühlen zieht sich der Gummi zusammen, die Spannung auf der Stange und die am Gehäuse wird kleiner. Die Dichtungsverhältnisse werden völlig verändert, wenn der Gummi einfriert, d. h. wenn er vom gummielastischen in den glasharten und spröden Zustand übergeht. Dabei frieren die durch die Verformung erzielten Spannungen ein. Am Gehäuse ist

Bild 33: Kraftstoffkreislauf in einem PKW mit Dichtungsstellen

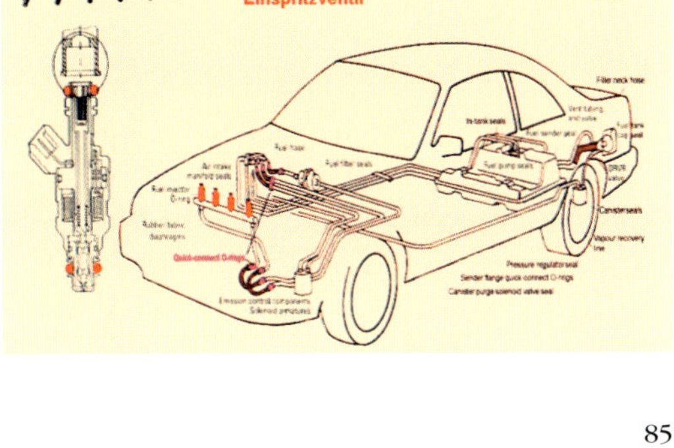

dann keine Dichtkraft mehr vorhanden während die Dichtung an der Stange mit einer zwar minimalen jedoch ausreichenden Spannung anliegt. Ist der Gummi völlig eingefroren, d. h. ist der Phasenübergang abgeschlossen, macht sich beim weiteren Abkühlen nur noch der thermische Schrumpf bemerkbar. Die Dichtkraft auf der Stange wird größer und am Gehäuse entsteht ein Spalt, der umso größer wird, je weiter abgekühlt wird. Dieser Phasenübergang für Gummi liegt je nach Werkstoff bei 0 bis -60 °C. Elastomere (= Gummi) mit besonderer Beständigkeit gegen Kraftstoff frieren im Bereich von -10 bis -30 °C ein. Die Automobilhersteller verlangen aber Dichtheit bis -40 °C.

An und für sich ist die Lösung ganz einfach. Man muss nur die Dichtstellen so legen, dass die Dichtfläche des Gummis auf die Gegenfläche aufschrumpft. Bild 34 zeigt die Lösung für das beschriebene Beispiel und ist selbsterklärend. Durch diese Dichtungsgeometrie ist man völlig unabhängig von der Einfriertemperatur und den Veränderungen am Werkstoff beim Phasenübergang. Das heißt, man kann auch Werkstoffe wählen, die im O-Ring schon bei Temperaturen von -10°C undicht werden. Diese Werkstoffe aber haben eine wesentlich niedrigere Permeation und können helfen die sich immer weiter verschärfenden Emissionsbestimmungen zu erfüllen. Vergleicht man einmal die Permeationsrate der alten O-Ring Lösung mit der neuen, so verhalten sich die Permeationen in diesem Einsatzfall wie 1:1000. Natürlich brauchten wir für das System auch einen griffigen Namen. Zur Ehre der amerikanischen Mutter wählten wir die Bezeichnung LT&P-Ring, für „**L**ow **T**emperature and **P**ermeation“.

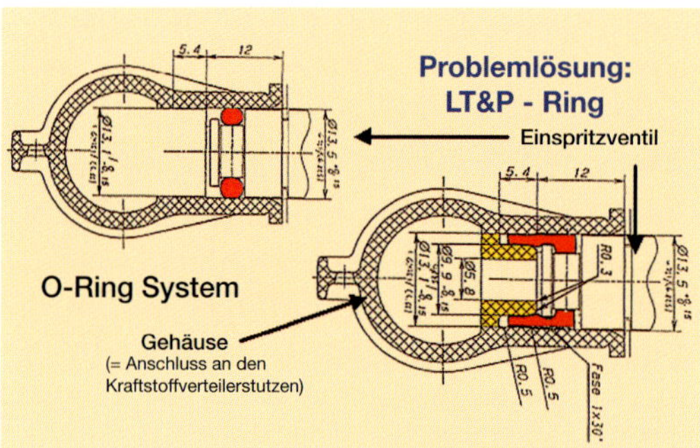

Bild 34: Vergleich des traditionellen O-Ring Systems mit der LT&P Problemlösung

Die Entwicklungsgeschichte

Was hier auf einer halben Seite geschildert wird, war harte Arbeit über Jahre, wobei verschiedene Firmen mit eingespannt wurden, wie aus der Laudatio der ersten Veröffentlichung hervorgeht [43] und mündete in zumindest eine Diplomarbeit, die aus einer Semesterarbeit entstand. Das Thema hat uns mehr als ein Jahrzehnt beschäftigt [44, 45], ja sogar noch 2002, denn nun kamen die neuen Umwelt- und Autoemissions-Abgasbestimmungen in USA aber auch in Europa zum Tragen und auch diese hatten mit solchen Dichtungen zu tun [46].

Ausgehend von dem Brand eines Automobils wurden die Werkstoffspezifikationen hinsichtlich der Tieftemperaturflexibilität geändert. So wurde der Grenzwert nach einer bestimmten Prüfung [47] nunmehr mit -18°C festgesetzt. Dies rief sofort die Entwickler der Dichtungsindustrie auf, neue Werkstoffe zu kreieren. Dazu mussten aber die Polymerhersteller neue bei tiefen Temperaturen flexiblere Polymere entwickeln. Es stellte sich aber immer noch die Frage, was war eigentlich passiert und was muss verbessert werden. Unsere erste Aufgabe war also, das System zu modellieren und den Fehler nachzustellen. Daraus resultierte die erste Veröffentlichung im Jahr 1991 [43].

Nachdem wir aber nun verstanden hatten, wo das Problem liegt, stellte sich die Frage (insbesondere für unseren Chef, der im Gegensatz zu uns Entwicklern auch immer noch den kommerziellen Nutzen unserer Arbeiten umzusetzen hatte), was machen wir mit diesem Wissen? Eine Lösung wurde gesucht, die wir auch nach zwei Jahren Arbeit fanden und zum Patent anmeldeten [48]. Es ist ein Anwendungspatent und bezieht sich ausschließlich auf eine „Dichtungsanordnung für Einspritzventile an Kraftstoffzuleitungen. Da nicht das Prinzip patentiert wurde, muss jede weitere Anwendung ebenfalls angemeldet werden. Wie das so üblich ist, haben die Erfinder ihre Erfindung der Firma angezeigt, die dann die Formalitäten hinsichtlich der Anmeldung übernahm. Der damalige Präsident der Europäischen Dichtungsgruppe der Fa. Parker war der Meinung, dass dies ein „Selbstläufer" ist. Aber weit gefehlt, ohne Klappern läuft gar nichts. Dies war eine Fehleinschätzung, denn bei manchen Erfindungen, wie z.B. dem M-Ring [49] läuft auch trotz größtem Getöse nichts.

Wir hatten das Glück, dass bei einem großen deutschen Automobilhersteller der bisherige Kraftstoffverteilerstutzen aus Stahl auf Kunststoff umgestellt werden sollte und gerade diese Dichtstelle bei den üblichen Testfahrten in Lappland Probleme bereitete. Die Vorstellung unseres Dichtsystems hatte überzeugt und die Labortests am umkonstruierten Kraftstoffverteilerstutzen bewiesen Dichtheit weit unter die ominösen -40 °C. Letztendlich aber wurde der Kunststoffverteilerstutzen leider nicht eingebaut, weil er die Crash-Tests nicht überstand. Im Gegensatz zu dem aus Stahl, der sich nur verbog, platzte der aus Kunststoff auf, was natürlich sehr viel schwerwiegendere Probleme, wie z. B. Auslauf von Kraftstoff und die Möglichkeit eines Brandes, mit sich brachte. Also wurde zunächst nichts aus einer Vermarktung.

Ein weiteres Anwendungspatent [50], welches die Probleme bei Schnellkupplungen auf gleiche Weise lösen sollte, wurde angemeldet. Wieder wurden Hersteller angesprochen und alle zeigten sich sehr interessiert und waren von der Lösung überzeugt. Eine Vermarktung des LT-Ringes scheiterte an den Kosten, weil dieser Dichtring auf Grund seines größeren Volumens teurer war als ein O-Ring, oder aber weil die Hersteller von Schnellkupplungen gerade eine eigene Entwicklung auf den Markt bringen wollten. Wie dem auch immer sei, der Druck vom Gesetzgeber oder von den Umweltschützern war zu diesem Zeitpunkt noch nicht hoch genug.

Auch in den USA zeigte man reges Interesse an der Lösung des Problems, das ja von dort ausging. Jedoch hätte der Einsatz die Entwicklung und den Aufbau einer neuen Prüfabteilung erfordert. Denn jeder Fuel rail (Kraftstoffverteilerstutzen) wird auf Dichtheit geprüft. Bedenkt man die Zahl der Autos und damit der Fuel rails, kann man ermessen, wie lange die Umstellung gedauert hätte und wie teuer sie geworden wäre. Wenn also nicht der notwendige Druck dahinter steht, wird eine Neuerung und sei sie auch noch so gut, nicht eingeführt.

Ende 1995 schied Herr Krumeich aus der Firma aus. Damit verlor das Projekt seinen potentesten Befürworter. Für mich begann eine neue Ära, doch davon später.

Die Zeit der fruchtbaren Ideen

Ein neues Umfeld, neue Produkte und damit auch neue Aufgaben regen die Phantasie immens an. Es ist daher nicht verwunderlich, dass gerade zu Beginn einer neuen Tätigkeit Ideen in einer Vielzahl und Vielfalt ans Licht drängen. Aus der Vielzahl der Projekte, die ich Ende der achtziger bis Mitte der neunziger Jahre begonnen habe, möchte ich nur einige richtungsweisende herausgreifen.

Statistik

Eines der Projekte, das zusammen mit Dr. Achenbach von der Theorie her abgeleitet wurde, habe ich schon ausführlich beschrieben, die Diskrepanz zwischen Härte an einer Prüfplatte und dem Fertigteil, zumeist einem O-Ring. Oft wurde hier vom Kunden, auch von den sogenannten großen, die Toleranzen und deren Breite für Fetigteile an Hand der Werte aus der Prüfplatte festgelegt, was also laufend zu meist unberechtigten Reklamationen führte.

Eine weitere Arbeit in diesem Kontext betraf Reißfestigkeit und Volumenänderung nach Lagerung im Medium. Als Wareneingangsprüfung wurden O-Ringe in einer Zugprüfmaschine auf Reißfestigkeit getestet. Immer wieder wurden Ausreißer mit zu niedrigen Festigkeitswerten gefunden. Allerdings steht schon in der

Bild 35: Ein Statistikwitz

Die Zeitungsschlagzeile

„RIESENSCHWEINEREI IN EINEM KANADISCHEN HOLZFÄLLERLAGER! 2% der männlichen Belegschaft schwängert 50% der weiblichen Belegschaft.“

lockt zweifellos Leser an, die Einzelheiten über die „offenbar“ stattgefundene Sexorgie wissen wollen. Doch sie erleben eine herbe Enttäuschung, denn als Tatbestand verbleibt nur: 50 Holzfäller haben seit Monaten Bäume umgehackt und sinken abends tot müde auf ihr dürftiges Fellbett.

Unter diesen Umständen wird Sex ganz klein geschrieben. Sie werden von zwei weiblichen Wesen bekocht, einer 70-jährigen Oma und ihrer leidlich hübschen Enkeltochter von 30 Jahren. Einer der Holzfäller (2%!) verwendete seine überschüssige Kraft just auf dieses ältliche Mädchen (50%!), was nicht ohne folgen blieb.

Also Vorsicht mit der Statistik und den Relativierungen, sonst werden ungewollt „kanadische Holzfällerwitze“ produziert.

entsprechenden DIN-Norm [51], dass diese Werte nicht einer Normalverteilung unterliegen, sondern gemäß einer doppelt exponentiellen Verteilung ausgewertet werden müssen. Hier konnte ich an meine Arbeiten aus der KACO anknüpfen [14] und meine Statistikkenntnisse, die ich anlässlich zweier Lehrgänge bei der Conti erworben hatte, anbringen. Die konnte ich auch nutzbringend bei dem nächsten Problem verwenden, wobei mir auch die Arbeit hinsichtlich der Messgenauigkeit bei der Dichte [30] zugute kam. Wenn Dichtungen funktionieren, sollen sie möglichst nicht schrumpfen. Allerdings ist auch einer Quellung eine obere Grenze gesetzt, denn durch große Volumenzunahme ändern sich auch alle anderen Gummieigenschaften. Ist die Volumenänderung sehr klein, also nahe Null, dann kann bei sehr kleinen O-Ringen mit einer geringen Masse auch einmal minus statt plus, statt Quellen ein Schrumpfen ausgerechnet werden. Dem kann man nur mit Statistik und Fehlerrechnung beikommen. So konnte ich also meine diesbezüglichen Kenntnisse gut anwenden und ich dachte, dies auch meinen Kollegen und Mitarbeitern zugute kommen zu lassen und arbeitete eine Vorlesung aus, die von Zufall und Wahrscheinlichkeit bis zur Korrelationsrechnung reichte. Einmal vorgetragen, fiel sie zumindest bei der Hörerschaft auf fruchtbaren Boden. Offensichtlich aber habe ich mit dem Titel: „Statistik - eine Einführung" nicht den Nerv der Oberen getroffen. Denn erst Jahre später wurden Parker-Manager zu einem „Six Sigma green belt Training" eingeladen. Nun ja, griechische Buchstaben machen schon was her, wenn auch die angewandte Statistik eher mit den entsprechenden lateinischen Buchstaben umgeht. Zum Thema Statistik gibt es eine Menge schöner Anekdoten, vom selber Fälschen bis zur Klapperstorch-Korrelation. Man muss also schon auf die Auswertung achten, sonst kann eine ähnliche Schlagzeile wie die in Bild 35 die Runde machen.

Werkstoffentwicklung

Eine meiner vornehmsten Aufgaben war ja gemäß Anstellungsvertrag die Werkstoffentwicklung. Ganz so einfach wie in den bisherigen Funktionen, wo mir auch das notwendige Handwerkszeug gegeben war, ist es hier in den ersten Jahren nicht gewesen. Denn die Labors waren den jeweiligen Laborleitern der entsprechenden Division unterstellt. Mir als „groupy" war nur eine beratende Funktion zugedacht. Die Einteilung in Group und Division entspricht dem deutschen System der Stabs-

und Linienfunktionen. Ob die Beratung umgesetzt wurde, hing ganz alleine von der Entscheidung der Divisions und insbesondere der Laborleiter ab. Es war, wenn man so will, eine Art Feuerwehrfunktion; immer dann wenn es irgendwo brannte, mussten die Groupies ran.

Das Nitrosoaminproblem

Zu Beginn der achtziger Jahre wurde ein Thema hochgespült, das die Gummiwelt mehr als ein Jahrzehnt lang beschäftigte und erhebliche Änderungen in Rezeptur und Produktion nach sich zog [52, 53]: N-Nitrosoamine. Böse Zungen behaupten, dass federführend für diese bis heute auf die Bundesrepublik Deutschland beschränkte Entwicklung mit einer gesetzlichen Reglementierung [54] das Krebsforschungsinstitut mit seinem Leiter, dem Herrn Prof. Dr. B. Spiegelhalder und seiner Bonner Lobby war, wobei die damalige Frau Spiegelhalder ein analytisches Labor leitete. Wie dem auch immer sei, besaß zu jener Zeit Herr Prof. Spiegelhalder einige Patente auf Vulkanisationsbeschleuniger, die keine nitrosierbaren, cancerogenen Amine freisetzten. Leider haben sich diese auf grund der mangelnden Lagerfähigkeit in der Gummiindustrie nicht eingeführt [55]. Im übrigen wurde von anderer Seite bestritten, dass die in diesen Beschleunigern benutzten Amine (Piperazin) keine cancerogenen Nitrosoamine freisetzen [56].

In jenen Jahren versuchten viele, unter anderen auch die Großchemie, die bisher nicht an die Gummiindustrie geliefert hat, durch den Einsatz neuer Chemikalien das Problem zu lösen. So wurden immense Mittel aufgewendet, einen Stoff, nämlich α-Tocopherol, besser bekannt als das Fertilitätsvitamin E, in die Gummimischungen einzubauen, der das enstehende N-Nitrosoamin gleich wieder zersetzt [57]. Anstatt das Übel an der Wurzel zu packen und die entsprechenden Amine zu eliminieren, wurde ein aufwendiges und teures Verfahren entwickelt. Eines hatte man aber dabei nicht bedacht: Ist das α-Tocopherol einmal aufgebraucht, können sich die cancerogenen Nitrosamine aus den immer noch vorhandenen sekundären Aminen bilden. Nun ja, die Entwicklung von Systemen, die diese zwölf unerwünschten Amine aus der TRGS 552 meiden, hat sich letztendlich durchgesetzt.

Die Umsetzung in den Firmen erforderte die Überwindung enormer Widerstände bei manch einem Produzenten. So glaubte doch tatsächlich einer, dass er, aufgrund seiner männlichen Ausstrahlung, insbesondere die Beamtinnen von weiteren Prüfungen abhalten könnte und er automatisch den „Persil-Schein" erhält. Zur Ehrenrettung unserer Staatsdiener und insbesondere denen, die uns aus dem Osten zugewachsen sind, hat er sich hier ganz gehörig geschnitten. Letztendlich wurden in den neunziger Jahren alle kuranten Mischungen bei Parker auf nitrosoaminfreie Vernetzungssysteme umgestellt.

Mittlerweile hatten sich auch die Amerikaner dieses Themas angenommen und in 1990 erließ das OSHA (= **O**ccupational **H**ealth and **S**afety **A**dministration) eine Weisung [58], wonach Arbeiter, die N-Nitrosoaminen ausgesetzt sind, Handschuhe, Schutzbrille und Atemschutzgeräte tragen sollen. Von Journalisten wurde diese Weisung mit der Bezeichnung Weltraumanzug-Syndrome karikiert. Jedenfalls führte die Diskussion um das cancerogene Potenzial von Nitrosoaminen dazu, dass im Jahre 1992 ein amerikanischer Chemiekonzern von der Indiana OSHA vorgeladen wurde, weil der (damalige) deutsche Grenzwert von 2,5 µg/m³ an Nitrosoaminen in der Luft überschritten wurde [59]. Soweit mir noch in Erinnerung ist, wurde auch ein Urteil gesprochen.

O-Ring-Werkstoff für Feststoffraketen

Bild 36: Start der Challenger am 26. Januar 1986

Die Challenger-Katastrophe vom 26. Januar 1986 ist fast allen noch in Erinnerung, auch weil gerade im Jahre 2003 schon wieder ein Shuttle verunglückt ist. Damals, 1986, berief der amerikanische Präsident eine unabhängige Kommission, die diesen Unfall untersuchen sollte. In dem Bericht [60], der schon im Juni 1986 dem Präsidenten zuging, waren dann auch die konstruktiven Schwachpunkte aufgezeigt und die wahrscheinliche Ursache für die Katastrophe beschrieben. Deutlicher jedoch wurden die Hintergründe, die politisch bedingten Ränke und die besonderen statistischen Sicherheitsrechnungen der NASA in der Biografie eines der mit der Untersuchung Befassten, nämlich dem Nobelpreisträger R. Feynman [61], beschrieben.

Die Untersuchungen haben sichergestellt, dass das mangelnde Rückstellverhalten eines O-Ringes in der Feststoffrakete zu der Katastrophe führte. Bei sommerlichen Temperaturen in Florida ist die Rückstellkraft und die Rückstellgeschwindigkeit von Fluorpolymerwerkstoffen auf der Basis von Copolymeren durchaus ausreichend um dem Zündungsdruck der Feststoffraketen standzuhalten und den sich öffnenden Spalt an der Verbindungsstelle zwischen zwei Booster-Segmenten sicher abzudichten.

Bild 37: Segmente der Feststoffrakete

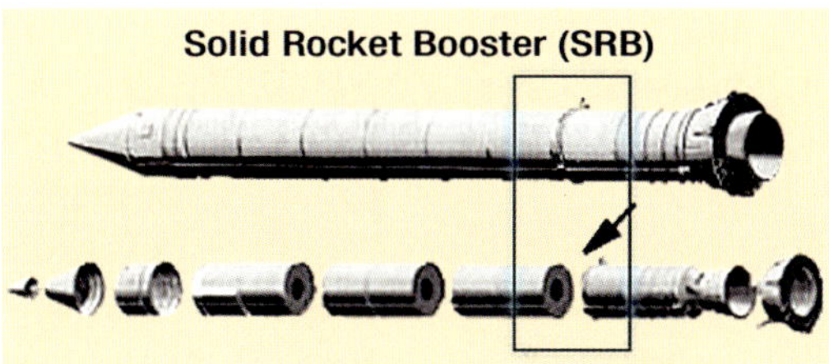

Bild 38: Verbindungsstelle zweier Segmente

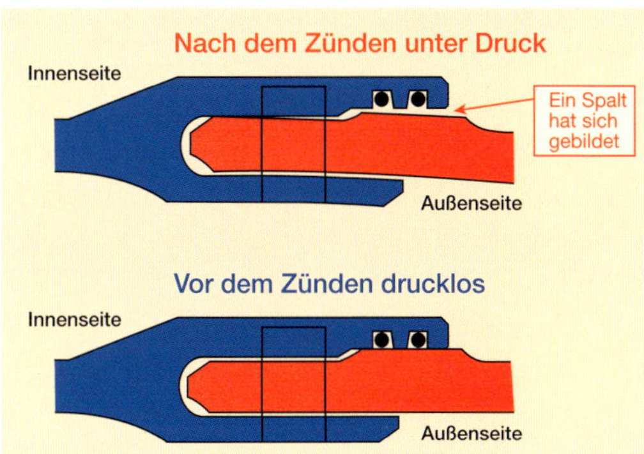

An jenem Januarmorgen, als das Shuttle zu seinem Flug mit den sieben Besatzungsmitgliedern startete, lag die Temperatur bei 2 °C. In der Nacht soll das Thermometer bis auf -13 °C abgefallen sein. Genau ließ sich das nicht mehr rekonstruieren. In den Verbindungsstellen zwischen den Ringen der Feststoffrakete waren O-Ringe aus Fluorpolymer eingesetzt. Bei tiefen Temperaturen werden diese lederartig hart und verlieren ihre gummielastischen Eigenschaften. Zündet nun die Feststoffrakete, bildet sich bei dem entstehenden Druck ein Spalt zwischen zwei Segmenten an der Verbindungsstelle dann, wenn der O-Ring nicht schnell genug zurückstellt. Die heißen Verbrennungsgase strömen durch den Spalt und zerstören den O-Ring. Als schwarze Rauchfahne treten sie zwischen den beiden Segmenten des Boosters aus. In diesem Falle trafen die heißen Abgase auf die Befestigung der Feststoffrakete an dem großen Außentank; durch die große Wärmeentwicklung zerbrach die Befestigung, der Booster rotierte um die obere Halterung und das gesamte System geriet außer Kontrolle. Die Folge war, dass nach 73 Sekunden der aufgeheizte Wasserstoff mit dem Sauerstoff reagierte und alles in einer gleißenden Flamme explodierte. Im Nachhinein wurde dann bekannt, dass die NASA um die Dichtungsproblematik wusste, sie aber nicht als gravierend einstufte. Nunmehr wurden die Booster konstruktiv anders ausgelegt und die Startbedingungen neu festgelegt. Diese Dichtungsproblematik wurde im Hause Parker mit Hilfe der FEA nachgestellt und aufgezeigt, was mit Fluorpolymer-O-Ringen bei tiefen Temperaturen unter Bedingungen wie sie beim Start auftraten, geschieht. Hierzu kamen uns unsere Untersuchungen für die Entwicklung des LT&P Ringes für den Einsatz im Kraftstoffkreislauf zugute. Denn im Prinzip sind hier die gleichen Phänomene wirksam. Der Ablauf des Unfalles ist, wie er hier entwickelt wurde [62], in einem Internetartikel mit Animationen und Video-Clips [63] mit besonderem Augenmerk auf das Dichtungsverhalten dargestellt.

Aus diesen Erfahrungen hat die ESA gelernt und, obwohl ihre Starts in Kourou in der Nähe des Äquators in Französisch-Guyana stattfinden, hat sie ein bestimmtes Rückstellverhalten für die O-Ringe, die zur Abdichtung der Booster Segmente dienen, vorgeschrieben. Um dieses zu bestimmen, werden Abschnitte der O-Ringe in einer Form mit einer vorgegebenen Kraft verpresst. Nach einer gewissen Zeit unter Spannung wird der O-Ring-Abschnitt plötzlich freigegeben und die Rückstellung über der Zeit gemessen. So müssen diese nach nur 0,1 Sekunden mehr als 90 % des verformten Weges zurückgestellt haben. Schon die Messung war nicht einfach. Die Materialentwicklung führte dann zu einem ganz besonderen Polymer, was sowohl die Mischungsherstellung als auch die Fertigung der O-Ringe recht schwierig machte. Die O-Ringe haben eine Schnurstärke von 7 mm und einen Durchmesser von 3,50 m. Dieser große Ring erfordert natürlich spezielle Fertigungsmethoden, denn beheizte Pressen mit diesem Durchmesser und der dann erforderlichen Zuhaltekraft sind sicherlich weder ökologisch noch ökonomisch effizient.

Fluorpolymere und Gefahrstoff

Die thermische Zersetzung von Bauteilen aus Fluorpolymerwerkstoffen kann unter bestimmten Umständen gefährliche Stoffe wie z. B. Fluorwasserstoff freisetzen. Anorganische Fluoride, insbesondere Flusssäure, sind giftige Stoffe, die beim Verschlucken, Einatmen oder Hautkontakt Verätzungen und weitere schwerwiegende Erkrankungen hervorrufen. Die Berufsgenossenschaft der chemischen Industrie hat den anorganischen Fluorverbindungen eine mehrseitige Informationsschrift gewidmet [64]. Im Anorganischen Institut der Universität in Saarbrücken, der Institutsleiter war Fluorpapst Prof. Fritz Seel, hieß es: Wenn du es riechst, ist es schon zu spät. So erreichten mich auch noch 1994 immer noch Anfragen bezüglich der Gefahren beim Umgang mit Fluorpolymerwerkstoffen, die auf einen Unfall zurückgehen, der sich 1981 in Großbritannien in einem Labor ereignete. Aufgrund der sich häufenden Fragen nach dem Verhalten von Fluorpolymerwerkstoffen bei hohen Temperaturen entschlossen sich drei westliche Hersteller zu einer Schilderung des Vorganges mit dem

Bild 39: Gefahrenhinweis der US Army Nueremberg Resident Agency
Der Text wurde vom Original abgeschrieben

DEPARTMENT OF THE ARMY
NUERNBERG RESIDENT AGENCY
SECOND REGION, USACIDC
UNIT 27921
APO AE 09222

REPLY TO
ATTENTION OF

8510 Fuerth, 30.9.92

Steubenstr. 43

Tel.: 700-7182/7251

Polizeipräsidium Mittelfranken

An das
Polizeipraesidium
Mittelfranken
Jakobsplatz 5
8500 Nuernberg

BETREFF: Gefahrenabwehr bei der Bekaempfung von brennenden Fahrzeugen mit der Bitte um Weiterleitung an die entsprechenden Dienststellen.

1. Die nachfolgende Mitteilung erging durch das Hauptquartier, USACDIC, Falls Church, VA.

2. Einige Automobilhersteller verwenden seit einiger zeit bei der Herstellung Ihrer Fahrzeuge in Brems- und Benzinleitungen einen neuen Stoff mit Namen FLUOROLASTOMIC oder VETON. Dieser Stoff setzt bei der Berührung mit Feuer Eine hochaetzende Saeure frei. Bei Kontakt mit der menschlichen Haut mit dieser Saeure muessen die entsprechenden Koerperteile amputiert werden. Eine andere medizinische Behandlung hat sich als unwirksam erwiesen. Weiterhin wurde festgestellt, dass die Daempfe dieser Fluessigkeit, die bei Feuer austreten, als sehr gefaehrlich fuer den menschlichen Organismus gelten. Die Saeure bleibt fuer die Dauer von mindestens zwei Jahren fuer den Menschen lebensgefaehrlich.

3. Die Namen der Automobilhersteller sind nicht bekannt, werden jedoch bei Bekanntgabe unverzueglich an Sie weitergeleitet.

4. Falls Ihnen von anderer Seite Namen der Hersteller bekannt werden, teilen Sie dies hiesiger Diensstelle bitte mit, damit entsprechende Massnahmen Getroffen werden koennen.

5. Sollten neue Erkenntnisse in dieser Hinsicht erfolgen, werden Sie informiert.

RONALD L. SIMPSON
CW2, USA
Dienststellenleiter
Nuernberg RA, USACIDC

gleichzeitigen Hinweis, dass unter normalen Anwendungsbedingungen keinerlei Gefahr von Fluorelastomeren ausgeht. Der Unfall ereignete sich bei der National Nuclear Corporation (U.K.) als ein Mitarbeiter einen Autoklaven öffnete. Dieser Autoklav wurde bei einem Druck von 41,5 bar bei einer Temperatur von 400 °C unter CO_2 betrieben. Gasförmige Produkte wurden in einem ringförmigen Raum zwischen zwei O-Ringen zurückgehalten. Nach dem Abkühlen über Nacht wurde der Überdruck abgelassen. Dabei tropfte ein wenig einer klaren Flüssigkeit auf einen Finger des Arbeiters. Obwohl er den Finger sofort unter fließendem Wasser abspülte, war der Finger verätzt. Offensichtlich wuchs sich die Verätzung zu einer Gewebszerstörung aus, so dass ein Teil des Fingers amputiert werden musste.

Durch den Einsatz eines Fluorpolymer-O-Ringes oberhalb der von allen Fluorpolymerherstellern empfohlenen maximalen Gebrauchstemperatur von 315 °C, wurde der Werkstoff pyrolytisch zersetzt und es entstand Fluorwasserstoff, der mit Wasser, welches möglicherweise mit dem CO_2 in das System eingegeben wurde, zu Flusssäure reagierte. Auch hier möchte ich nochmals, genau wie die drei Fluorpolymerhersteller anmerken, dass nicht der Werkstoff zu dem Unfall führte. Der Unfall sprach sich herum und führte zu Gerüchten (Bild 39), die ähnliche Formen annahmen, wie sie in dem berühmten Witz gipfeln, nachdem der Herr Oberst auf dem Kasernenhof eine Sonnenfinsternis durchführt.

Projekte mit der Europäischen Union (Brite)

Der Aufbau Europas nach dem Zweiten Weltkrieg machte es, um global wettbewerbsfähig zu sein, notwendig, nicht nur Kohle-, Stahl- und Nuklearforschung zu koordinieren, was schon 1952 geschah, sondern das gesamte Feld der industriellen Forschung und Entwicklung in strategische, koordinierte Programme für alle und von allen europäischen Ländern einzubeziehen [65]. Dies wurde umso wichtiger, als gerade zu Ende der sechziger Jahre des letzten Jahrhunderts gewissermaßen ein Ausverkauf europäischer Forscher und Wissenschaftler stattfand. Gerade die USA lockten mit Angeboten, denen praktisch keiner widerstehen konnte. Im Gegenzug dazu kauften die Amerikaner die europäische Industrie auf. Dem musste Einhalt geboten werden, wenn wir Europäer nicht von den USA dominiert werden wollen.

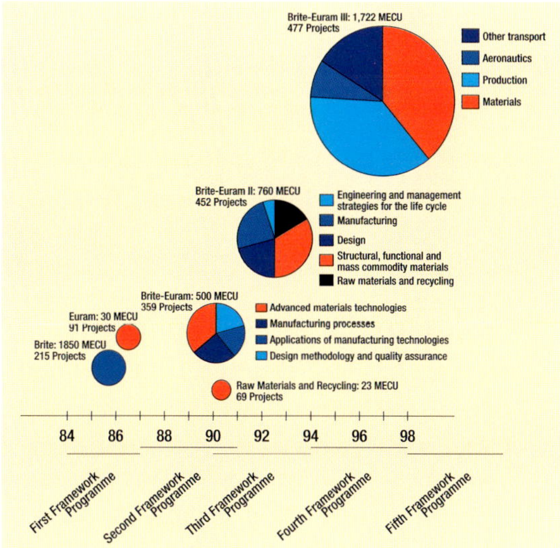

Bild 40: Chronologie der industriellen Forschung in Europa von 1985 bis 2002

Und am Horizont tauchten mit Japan, Korea und Staaten Südostasiens weitere global wirkende Wettbewerber auf. Es war also ganz dringend Handlungsbedarf angesagt. Nachdem alle Verträge unter Dach und Fach waren, wurden 1985 die ersten Programme aufgelegt. Der chronologische Ablauf seither ist in Bild 40 aufgezeigt. Im Rahmen des Brite-Euram II Programmes (**B**asic **R**esearch in **I**ndustrial **T**echnology and **EU**ropean **R**esearch in **A**dvanced **M**aterials), das drei Technikbereiche aufwies: Werkstoffe, Entwurf und Fertigung sowie Luftfahrt, wurden Projekte gefördert, die eine neue Klasse technisch anspruchsvoller Werkstoffe entwickelten. Im Sinne der europäischen Umweltpolitik sollten diese Werksstoffe von der Herstellung über die Nutzung bis zur Entsorgung, also von der Wiege bis zur Bahre, Innovationen sein.

Hier nun wurde ich angesprochen, ob die Fa. Parker-Prädifa an der Entwicklung einer Polymerwerkstoff-Klasse interessiert sei, die sich zur Herstellung gummielastischer Bauteile eignet. Angestrebt wurde ein Anwendungsbereich, wie er für die Automobilindustrie, die chemische Industrie aber auch für Luft- und Raumfahrt üblich ist. Eine finanzielle Unterstützung durch die EU im Rahmen des Brite-Euram II gab es nur unter bestimmten Bedingungen. So mussten mehrere europäische Firmen an dem Projekt beteiligt sein. Die Koordination des Projektes oblag dem italienischen Fluorpolymerhersteller, weiter teilnehmende Firmen kamen aus der deutschen Automobilindustrie und der französischen Luft- und Raumfahrt. Der Versuch einen weiteren französischen Automobilbauer zu gewinnen, scheiterte an der Uneinsichtigkeit eines Einkäufers, wenn auch die Techniker sehr an einer Teilnahme interessiert waren. Die Diskussionen im Technikzentrum des Automobilherstellers wurden in Englisch geführt. Ab und zu jedoch, wenn Details zwischen den Franzosen geklärt werden mussten, fielen diese in ihre Muttersprache und wurden recht deutlich, was sie von dem Projekt hielten. Hier muss ich hinzufügen, dass wir, Herr Krumeich und ich, die wir an der Grenze zu Frankreich in Baden bzw. im Saarland aufgewachsen waren, des Französischen in soweit mächtig waren, dass wir nicht nur verstanden, was diskutiert wurde, sondern auch die Sprache noch einigermaßen beherrschten. Auch für den Italiener war es zumindest möglich der Diskussion zu folgen. Als dann der Einkäufer nur noch die Kostenseite betrachtete, mischten wir uns auch in Französisch ein. Der Einkäufer fiel aus allen Wolken, offensichtlich nunmehr gewahr werdend, dass wir alle seine Argumente schon kannten. Es machte ihn aber nur noch misstrauischer, wie man an seinem Gesichtsausdruck erkennen konnte. Er hatte sich von Anfang an gegen das Projekt gestemmt und nun war er erst recht überzeugt, dass er diesen Europäern nicht trauen konnte. Er lehnte eine Teilnahme an dem Projekt ab. So wird ersichtlich, welche Entscheidungsgewalt auch ein kleiner Einkäufer manchmal in technischen Dingen hat. Hier passt es gut einen Ausspruch eines Mitarbeiters der großen Mutter Bayer zu zitieren: „Der Bayer AG ging es immer am besten, wenn ein Chemiker dem Unternehmen vorstand" (siehe hierzu auch [66]). Wie ich aus mehreren Beispielen weiß, gehen Naturwissenschaftler und Kaufleute unterschiedliche Wege um vielleicht sogar das gleiche Ziel zu erreichen. Letztere finden zumeist den längeren und steinigeren.

Das Projekt „Fluorinated Thermoplastic Elastomers" wurde von der EU kontraktiert und sollte innerhalb von 47 Monaten beendet werden. Starttermin war der 1. Februar 1993. Natürlich war das Projekt von Erfolg gekrönt und am Ende lieferten wir einen zur Veröffentlichung durch die EU freigegebenen Report ab, in dem die entwickelten Produkte und die Verarbeitungstechniken genau beschrieben sind. Allerdings waren die Werkstoffpreise so, dass den neuentwickelten Polymeren bis heute ein kommerzieller Erfolg versagt blieb. Ebenso wichtig wie die Arbeiten am Projekt aber waren die Erfahrungen, die ich im Laufe der internationalen Zusammenarbeit machen durfte. Neben Reisen in die Hauptstädte und Industriezentren mancher europäischer Staaten haben auch die Zusammenarbeit mit Technikern anderer Nationen meinen Horizont erweitert. Insbesondere aber wurde mir klar, warum Brüssel der Ort der Wahl für die europäischen Kommissionen wurde! Nirgendwo auf der Welt wird so exquisit gekocht und gespeist wie in Belgien; und Brüssel ist die Hauptstadt.

Perfluorelastomere

Ganz zufällig wurde 1938 bei DuPont durch J. R. Plunkett das Polytetrafluorethen entdeckt, besser bekannt unter dem Markennamen Teflon™ oder Hostaflon™. Damit wurde die Entwicklung der Fluorelastomere und letztendlich auch der Perfluorelastomere eingeleitet. Nach dem Zweiten Weltkrieg wurde der Bedarf an thermisch beständigeren Elastomeren insbesondere bedingt durch die boomende Luftfahrt und die Erfordernisse der Militärs im Kalten Krieg immer zwingender. Das eigentliche Geburtsjahr des industriellen Einsatzes von Fluorelastomeren ist das Jahr 1956 [67] mit der Vermarktung von Fluorel 2140 (man beachte die Zahl!) der Fa. 3M und Viton-A der Fa. DuPont. Interessant ist aber, dass ein ehemaliger Mitarbeiter von DuPont zu der Fa. M.V. Kellogg wechselte und dort ein Copolymer aus Vinylidenfluorid und Chlortrifluorethen entwickelte, welches dann von 3M, die mittlerweile die Fa. M.V. Kellogg aufgekauft hatte, unter dem Namen KEL-F vertrieben wurde [68]. Die weitere Entwicklung wurde von der US-Army gefördert und führte dann bei M.V. Kellogg zu einem „Fluorcarbon Elastomer 214", welches aus Vinylidenfluorid und Perfluorpropen im Molverhältnis 70/30 stand [69, 70]. Die heute verwendeten und weltweit hergestellten Copolymere entsprechen immer noch diesem Typ 214 und machen mengenmäßig den größten Teil der Fluorelastomere aus.

Perfluorierte Monomere ergeben bei der Polymerisation ausschließlich Thermoplaste und leider keine Kautschuke bzw. Elastomere. Erst durch den Einsatz von Polyethern, die aus den 1959 entdeckten Fluorkohlenstoffepoxiden [71,72] hergestellt werden, können auch in der Hauptkette perfluorierte Kautschuke hergestellt werden. Das elastische Verhalten wird durch den Sauerstoff der angebundenen Ethergruppe erzeugt. Eine weitere funktionelle Seitengruppe dient der Vernetzung, so dass, wie mit allen anderen Kautschuken, durch Vulkanisation ein Elastomer entsteht. Die Art der Vernetzungsgruppen und die Länge der Seitenketten entscheidet über thermische und chemische Beständigkeit der so hergestellten Perfluorelastomere.

Jetzt ist es aber genug mit der Chemie. Wer weiter an Einzelheiten und der gesamten Entwicklung interessiert ist, dem seien die angegebenen Literaturstellen und die dort erwähnte weiterführende Literatur empfohlen.

Als wir 1988 begannen Perfluorelastomere in unser Portfolio mit einzubeziehen, mussten wir feststellen, dass es nur zwei Hersteller gab (der dritte aus Japan bediente ausschließlich seinen deutschen Partner), wobei nur DuPont die gesamte Palette mit unterschiedlichen Vernetzungssystemen herstellte. Allerdings hatte diese Firma sich vorbehalten, alle Teile aus Kalrez selbst im eigenen Hause zu produzieren und keine Mischungen an den Kunden zugeben, so dass eine Kooperation, trotz guter Kontakte der US-Mutterhäuser beider Konzerne, ausbleiben musste. Nachdem der zweite Lieferant, ein Japaner die Bonität der Parker-Prädifa überprüft hatte, wurden wir gnädigerweise darauf hingewiesen, dass wir beliefert werden könnten. Ein Werkstoff wurde ausgesucht, der dann noch modifiziert wurde, mit dem wir dann die Freigabe der ESA (European Space Agency) für den Einsatz von Dichtungen gegen USDH (unsymmetrisches Dimethylhydrazin) und N_2O_4 (Distickstofftetroxid), einem Raketen-Treibstoffsystem erhielten. Damit war zunächst der Einstieg in das Perfluorelastomer-Geschäft gelungen. Wenn man bedenkt, dass die Materialpreise im Vergleich zu einem normalen Gummiwerkstoff auf Basis eines Nitrilkautschuks mit dem Faktor 1000 (in Worten eintausend) versehen werden müssen, wird ersichtlich, welches Umsatzpotenzial auch bei kleinen Mengen hinter diesem Elastomer steht. Es war nicht nur die Luft- und Raumfahrt, die dieses, bzw. ganz spezielle Perfluorelastomere forderte, auch die Ölexploration, die pharmazeutische, die chemische Industrie und nicht zuletzt die Chips produzierende elektronische Industrie war auf solche Elastomere angewiesen. Die einzelnen Produktionsstufen gerade letzterer erforderten eine Reinheit von Chemikalien und Gefäßen, die nun nicht mehr im ppm- sondern im ppb-Bereich liegt. Bedenkt man, dass zur Chip-Herstellung Lösungsmittel wie 49%ige Flusssäure oder Ätzmittel wie 96%ige Schwefelsäure im Verhältnis 3:1 gemischt mit 30%igem Wasserstoffperoxid, im Slang als „Piranha" bezeichnet, verwendet werden, so wird klar, dass nur chemisch äußerst beständige sehr reine Elastomere eingesetzt werden dürfen. Begründet wird dies damit, dass die Silizium-Wafer (runde Platten aus denen viele Chips gefertigt werden) mit bestimmten Atomen dotiert werden und die aus Dichtungen extrahierten Metallionen, die sich auf dem Chip ablagern, diesen unbrauchbar machen.

Andererseits ist auch die thermische Beständigkeit gefragt. So wurde ein O-Ring aus einem thermisch und im Allgemeinen auch chemisch sehr beständigem Perfluorelastomer in einer Pumpe eingesetzt, die 80%ige Schwefelsäure bei einer

Temperatur von 160 °C umpumpt. Wenn die Maschine nach Schichtende abgestellt wurde, kühlte sich die Pumpe mit dem Medium über Nacht bis auf 70 °C ab. Am nächsten Morgen wurde die Säure wieder auf 160 °C hochgefahren und während des Tages umgepumpt um am Abend wieder abzukühlen. So lief die Pumpe eine ganze Woche lang, bis zum Freitag. Da wurde die Maschine abgeschaltet und konnte übers Wochenende bis auf Umgebungstemperatur abkühlen. Am Montag darauf war dann die Überraschung groß: Vier Kubikmeter 80%ige Schwefelsäure bedeckten den Hallenboden. Die Kosten für Abriss etc. wurden dem Hersteller des Pumpenaggregates angelastet. Der war natürlich auf den O-Ring-Lieferanten nicht mehr gut zu sprechen und suchte einen Ersatzlieferanten. So kam ich zu der Geschichte und Parker ins Geschäft.

Mittlerweile hatten wir einen Entwicklungspartner, der unsere Wünsche in Produkte umsetzte und selbst aktiv Neuerungen auf dem Fluorpolymergebiet anging. Insbesondere die Chip-Industrie erfand Ver- und Bearbeitungsmethoden mit immer aggressiveren Gasen und flüssigen Medien, die ganz spezielle Polymertypen erforderten. Ein Schlagwort in den Jahren der Zeitenwende war „Nanotechnologie“ (wobei in diesem Falle das Wort Technologie zutrifft, denn es ist wirklich ein Umbruch im Eigenschaftsbild der Stoffe, das abhängig von der Teilchengröße ist und deshalb der Forschung und der Lehre der Technik der Nano-Teilchen bedarf). Die Elastomerwerkstoffe für die Chip Industrie profitieren davon.

Die Perfluorelastomere brachten auch für mich neue Erfahrungen nicht nur im Eigenschaftsbild, nein auch die Kennzeichnung, was ist ein Perfluorelastomer, ist nicht so einfach. Einerseits ist durch die IUPAC-Regeln festgelegt, dass „alle Wasserstoffatome (außer in funktionellen Gruppen) durch Fluoratome ersetzt sind [73], also gibt es doch Ausnahmen! Andererseits gibt es eine ASTM-Nomenklatur [74], in der festgeschrieben ist, dass neben Fluor nur noch Sauerstoff oder ein weiterer Kohlenstoff an die Polymerkette gebunden sein dürfen. Diese unterschiedliche Festlegung nahm ich zum Anlass, eine Arbeit über Perfluorelastomere zu schreiben [75]. In der Parker-Gruppe kamen dann die Außendienstmitarbeiter und fragten danach, ob es diese Veröffentlichung nicht auch in Englisch, dann in Französisch und auch noch in Italienisch gab. So entschloss ich mich diese Arbeit mit Hilfe vieler Freunde übersetzen zu lassen. Auch ins Russische wurde sie übersetzt und in

„Каучук и резина" veröffentlicht [76]. Eigentlich bestand meine Aufgabe nur darin, die Übersetzungen auf den Inhalt zu überprüfen. Dazu reichten meine Sprachkenntnisse in allen fünf Sprachen aus.

Standard-Referenzelastomere

Standard-Referenzelastomere dienen dazu, die Aggressivität der Betriebsmittel wie Öle, Kraftstoffe, Bremsflüssigkeiten, Kühlerflüssigkeiten etc., gegen das verwendete Basispolymer zu überprüfen. Die Hersteller der Flüssigkeiten sehen dies natürlich ganz anders. Ihre Medien sind optimal aufgebaut um die Funktionen, die von ihnen gefordert werden zu erfüllen. Was nichts taugt sind die Dichtungen auf Basis der Elastomeren. Hier müssen deren Hersteller unbedingt nachbessern. Die Anwender, zumeist Fahrzeughersteller, geben dann auf Grund ihrer Machtposition die Direktiven vor. Die Medien oder die Dichtungswerkstoffe sind so zu ändern, dass die gewünschte Funktion erfüllt wird (aber das hatten wir ja schon mit dem Ölpabst am Anfang der fast unendlichen Geschichte).

Doch genug geklagt. Standard-Referenzelastomere gibt es fast wie Sand am Meer. Jedes nationale Normensystem hat auch Rezepturen für Referenzelastomere. Ob es nun Ghost (Russland), JIS (Japan), ASTM (USA), DIN (Deutschland), AFNOR (Frankreich) oder auch die ISO ist, alle haben ihre spezifischen Referenzelastomere, die zwar zum Testen der gleichen Medien gedacht sind, sich aber trotzdem in den Rezepturen unterscheiden. Es ist nicht möglich in den Arbeitskreisen die Handelnden dazu zu kriegen, Rezepturen zu vereinheitlichen. Man kann sicher sein, dass jeder Arbeitskreis, auch wenn er international besetzt ist, wenn er tagt eine neue Rezeptur kreiert. Ich hab´s versucht, bei der Überarbeitung der ISO 6072 [77] eine weltweit berühmt-berüchtigte Mischung mit dem kennzeichnenden Namen „AK6" einzubringen. Es ist misslungen, da vier uneinige Europäer gegen fünf einige Japaner sowieso keine Chance hatten. Falls den Japanern, die bei der Überarbeitung der ISO 6072 den Vorsitz hatten, etwas unklar war und sie es am Tisch in japanischer Sprache, die keiner der anwesenden Europäer verstand, nicht klären konnten, beraumten sie eine Pause an. Danach war alles klar. Nunmehr haben wir zwei solche Rezepturen, nach ISO 6072 bzw. ISO 13226 und AK6 gemäß DIN 3761, die sich nur minimal unterscheiden und das war auch noch ein Kuhhandel, sonst hätten wir drei. Die Japaner bestanden auf einer zusätzlichen schwefelvernetzten NBR-Mischung, die wir ihnen nur konzedierten, wenn sie unserer gemeinsamen Minimalforderung nach einer FPM-Mischung gemäß ISO 13226 zustimmten.

Das Standardelastomer mit der Bezeichnung „AK6", was nichts anderes bedeutet als Arbeitskreis 6, einer der vielen, die die Wellendichtring Norm DIN 3761 entwickelten, wurde deshalb so bekannt, weil es zur Freigabe der Motoröle durch die verschiedenen Automobilhersteller diente. Dieses Elastomer wurde im Arbeitskreis 6, „Werkstoffe, Prüfverfahren, Wechselwirkung Elastomere/Schmierstoffe" im FAKAU Arbeitsausschuss 2.7 „Radialwellendichtringe für Kraftfahrzeuge" ausgearbeitet. Zu diesem Arbeitskreis stieß ich 1976. Die Norm wurde im Januar 1984 veröffentlicht. Fluorpolymerwerkstoffe wurden im Motor an der Kurbelwelle in Form von Dichtringen eingesetzt. Da die Motorleistungen und damit die Temperaturen im Motorraum immer weiter anstiegen, gab es an den stark belasteten Wellendichtringen Probleme, die offensichtlich noch in der Garantiezeit auftraten und daher die Automobilhersteller zu gemeinsamen Handeln aufrief. Es galt also die Fehlermöglichkeiten zu reduzieren. Eine davon war die Wechselwirkung der Elastomere mit dem Additivpaket der Motoröle. In jenen Jahren kamen Fahrzeuge

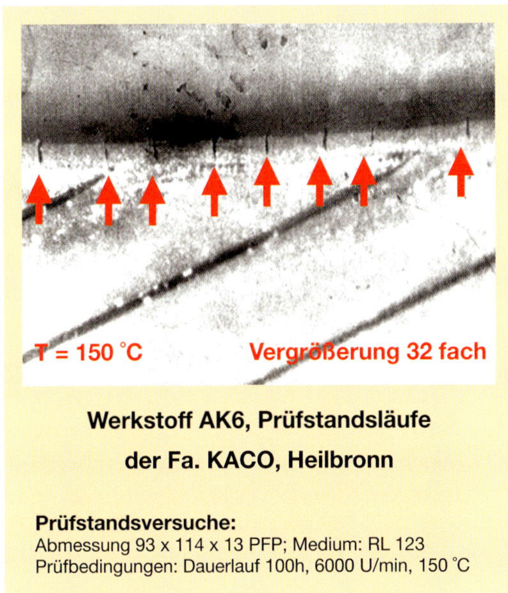

Bild 41: Die Dichtkante eines Wellendichtringes (RWDR) nach einem Prüfstandslauf hat Risse. Der RWDR ist daher undicht.

auf den Markt, die durchaus Dauergeschwindigkeiten von 200 km pro Stunde leisteten. Auf einer Fahrt von Hamburg nach München unter Volllast gab es Motoren, die im Ölsumpf Temperaturen von 180 °C aufwiesen und daher an der Dichtkante um bis zu 25 °C höher lagen. Die Folge davon waren zerstörte Dichtringe und damit undichte Motoren. Dieser Problematik begegneten die Automobilhersteller mit Freigabetests für die Motorenöle. Nur wenn sichergestellt war, dass die Öle den Fluorpolymerwerkstoff nicht angriffen, erhielten sie eine Freigabe.

Hiergegen mobilisierte die Ölindustrie alle Kräfte und organisierte mehrere Arbeitskreise um diesen Werkstoff, AK6, abzuschießen. Der letzte Arbeitskreis wurde 1994 ohne Abschlussbericht eingestellt. Die Ölindustrie war also darauf angewiesen, die von der Automobilindustrie vorgeschriebenen Tests mit dem Referenzelastomer „AK6" durchzuführen und die in den Spezifikationen geforderten Werte zu erfüllen. Das zeitigte groteske Wünsche. So erhielten wir Anfragen nach Prüfplattenmaterial, für das physikalisch-technische Werte wie Reißfestigkeit und Reißdehnung vorgegeben waren, die jenseits der Mittelwerte des Materials lagen. Dafür waren die Abnehmer bereit das Zehnfache des Preises zu zahlen und sie zahlten auch für dieses ausgesuchte Material. Das brachte mir eine Reise nach England ein, wo ich einem erlauchten Gremium von Ölfritzen die Wechselwirkung der Fluorelastomere mit den in den Additiven enthaltenen basischen Aminen und Polyaminen erklärte, was sie eigentlich schon in der 1985 veröffentlichten Arbeit [31] gelesen hatten, aber nicht glauben wollten. Danach hörte der Unsinn auf und sie kauften die Platten gemäß der von den Automobilherstellern für diese vorgegebenen Mindestfestigkeits- und -Dehnungswerte. Wahrscheinlich machten sie es so wie ein deutsches Prüflabor, das für die Ölindustrie die Tests durchführt, welches wesentlich mehr Platten als benötigt zu den günstigsten Konditionen einkauft und dann selbst aussortiert.

Mittlerweile ist unser Prüflabor, mit mir als Leiter, nach DIN EN ISO/IEC 17025: 2000 und auch die Herstellung von Mischungen und Platten zertifiziert. Neben diesem Referenzelastomer stellen wir derzeit weitere 37 Mischungen und Vulkanisate nach allen wichtigen Normen her, seien es irgendwelche europäischen oder russischen, japanischen oder auch amerikanischen Rezepturen; und das Sortiment wird laufend erweitert.

Eine frühe Weichenstellung für den Mischsaal

Einer der wichtigsten Betriebsteile einer Gummifabrik ist der eigene Mischsaal. In aller Regel werden die Rezepturen im Hause entwickelt. Denn keiner kann so gut die Wünsche der Außendienstingenieure, die mit den zunächst nicht machbar erscheinenden Forderungen der Kunden ankommen, in Mischungen übersetzen, die sich auch im Betrieb verarbeiten lassen, wie die hauseigenen Chemiker oder neudeutsch „Compoundeure". Ihnen ist klar, was die Produktion kann und was sie nicht möchte. Wenn die Produzenten dann allzu bequem werden und am liebsten nur noch Teile mit der Geometrie von Kartoffeln und beliebiger Heizzeit produzieren möchten, wissen gerade hauseigene Laborleute, wie die Produzenten zu motivieren sind und aus ihren Anlagen das maximal mögliche herausholen. Manchmal reicht schon der Hinweis, dass gerade an diesem neuen Teil ein exorbitanter Gewinn zu erzielen ist, um aus einem „geht nicht" ein Teil mit sogar äußerst geringem Ausschuss werden zu lassen.

Gerade für die Mischungsentwickler ist neben einem Laborkneter mit Walzwerk auch eine entsprechende Produktionsanlage sehr wichtig. Was auf dem Laborwalzwerk läuft, muss nicht unbedingt auf der Produktionswalze mit Stockblender laufen. Da müssen dann Verarbeitungshilfsmittel so angepasst werden, dass die Mischung auf der Walze nicht beutelt, aber auch nicht so stark haftet, dass beim Ziehen über den Stockblender das Fell immer wieder abreißt. Schnelle Mischungsanpassungen an die Herstellung aber auch an die Gummifertigung sind nur möglich, wenn ein Mischsaal im Hause bzw. im Konzern vorhanden ist.

Ganz wichtig, eigentlich unverzichtbar, für die Mischungsentwickler ist der regelmäßige Kontakt zu den Rohstofflieferanten. Über die Jahre bauen sich auch menschliche Beziehungen auf, die das gegenseitige Vertrauen verstärken und damit das Verständnis für die beiderseitigen Wünsche und Probleme vertiefen. Dieses vertrauensvolle Verhältnis ist die Basis für die Entwicklung neuer Mischungen und den Einsatz neuer Rohstoffe. Wenn man erst in Kongressen und Konferenzen etwas über neue Stoffe erfährt, hat der Wettbewerber schon längst das neue Produkt bei seinem/unserem Kunden eingeführt.

Das Mischsaalroulett

Nachdem ich beim Aufbau zweier Mischsäle mitgewirkt hatte, in dem ich die gesamte Conti- und KACO- Erfahrung eingebracht hatte, durfte ich diese für den Neubau des Mischsaales in Bietigheim mit einbringen. Die angedachten Projekte rangierten zwischen Neubau auf der grünen Wiese bis zum Aufrüsten des vorhandenen Mischsaals. Die Hauptfrage, die das obere Management mir stellte, war die nach dem richtigen Knetersystem. Zu jener Zeit war Dr. J. Lehnen von Bayer der, der die Pulverkautschuk-Technik auf Grund der im Vergleich zur konventionellen Anlage wesentlich geringeren Investitions- und Betriebskosten sehr stark propagierte [78]. Es ist schon faszinierend, wenn die Zuführung der Kautschukmischung, wie bei Thermoplasten, in Form kleiner Krümel in die Spritzmaschine erfolgen kann. Das erspart eine Menge an Aufwand und Equipment. Während bei der üblichen Verarbeitung ein Rohling, meist in Streifen, hergestellt werden muss, kann man das Mischpulver aus dem Mischer direkt in einen Sack abfüllen und diesen über die Spritzmaschine hängen, so die Vorstellungen von Deutschlands Thermoplast-Papst, Herrn Prof. Dr. G. Menges [79]. Für die Fertigung hochwertiger Gummi-Formartikel müssen aber die pulverförmigen Gemenge verdichtet und vor allem homogenisiert werden, so dass man am Ende wieder bei Fütterungsstreifen oder Pellets angelangt ist. Ganz gleich wie eine Mischung hergestellt wird, es muss genügend Liebe (≡ Arbeit ≡ Leistung) für beste Dispersion in die Mischung gesteckt werden. Letztendlich hat sich diese Technik nicht durchgesetzt, denn wenn man die Typenlisten der Kautschukhersteller durchsieht, findet man keinen Pulverkautschuk mehr.

Bild 42: Moriyama Dispersion Mixer [80]

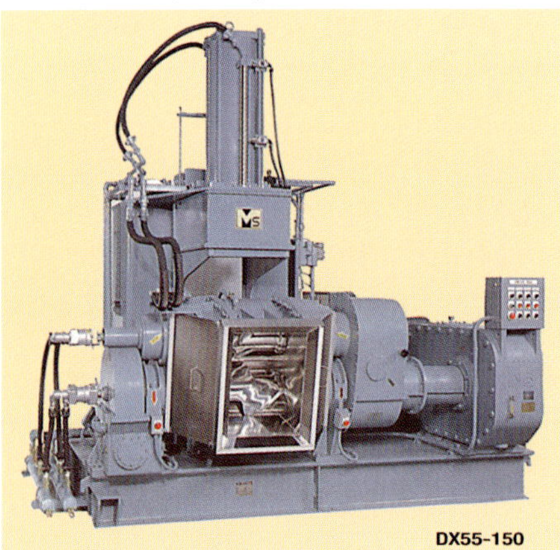

Ähnlich erging es mit dem nächsten Konzept, die konventionelle Mischtechnik durch eine kostengünstigere zu ersetzen. Die Japaner kamen mit einem dem Schnellmischer [78] recht ähnlichen Typ, bei dem der Trog allerdings zum Entleeren gekippt wird. Hier gestaltet sich der Ablauf der Herstellung von Serienmischungen schwieriger. Sicherlich ist das System ideal für die Herstellung kleiner Mischungsmengen. Auch erlaubt die große Kneteröffnung ein leichtes Reinigen und damit einen schnellen Mischungswechsel. Außerdem warben die Japaner mit den geringeren Investitionskosten im Vergleich zum konventionellen System. Zusammen aber mit den weiteren notwendigen Anlagen wie Rohstoffzuführung, Walzen und eventuell einem Extruder und der Anlagengestaltung kommt man wieder auf vergleichbare Systempreise. Letztendlich war auch dieses System ein totgeborenes Kind.

Die Entscheidung fiel auf Grund der hohen Investitionskosten gegen den Neubau eines Mischsaales. Während der Mischsaal der O-Ring-Division auf den Stand der Forderungen der Automobilindustrie hochgerüstet wurde, war die Packing Division damit beschäftigt, kompetente Mischungslieferanten zu suchen. Da ich erst später aus der Group in die Division gestoßen wurde, ging dieser Kelch zunächst an mir vorbei.

Mit der Zeit entfielen dann die Kontakte zu den Rohstofflieferanten. Neuheiten auf diesem Markt entnahmen wir dann, mittlerweile auch ich, weil nunmehr der Packing Division zugehörig, den Fachzeitschriften oder den alle drei Jahre stattfindenden Kautschuktagungen. Hier halfen nur noch die alten Beziehungen und die direkten Besuche bei den Polymer- oder Rußherstellern um zumindest Neuerungen bei den Hauptbestandteilen der Mischungen rechtzeitig zu erfahren; und außerdem war der Besuch des Bayer Kasinos nicht nur kulinarisch immer wieder ein besonderer Genuss.

Mischungen zu kaufen, statt selbst herzustellen, hat aber auch Vorteile (neben dem Tagesgeschäft der Freigabe mit all seinen Unwägbarkeiten). Die professionellen Mischungshersteller haben einen Rezepturschatz, der den eines einzelnen Hauses bei weitem übersteigt, denn sie erhalten ja die Rezepturen ihrer Kunden. In gewisser Weise ist dies ein „Know-how" Übertrag. Sicherlich kennen die Compounder die Produkte ihrer Kunden und meist auch, welcher Spezifikation der Endabnehmer die Mischungen entsprechen. Eine Anfrage nach einem bestimmten Mischungstyp mit Freigabe für einen bestimmten Endabnehmer bringt meistens nur noch die Rückfrage nach der benötigten Tonnage schon mit der Angabe der Preisstaffelung.

Dies führt letztendlich zu einer enormen Einsparung, denn dadurch wird der Mischungsentwickler im eigenen Haus überflüssig. Natürlich geben die Compounder die Rezeptur nicht preis. Allerdings ist dies sicherlich nicht das Konzept, mit dem man an vorderster Front der Dichtungshersteller mithalten und schon gar nicht das Tempo bestimmen kann.

Von nun an ...

Von nun an änderte sich alles. Am 31. Dezember 1995 schied mein Mentor Herr Peter Krumeich mit beiderseitigem Einverständnis aus der Firma aus. Mir wurde eröffnet, dass die Packing Division gewillt sei mich zu übernehmen, ein Angebot, das ich unter den damaligen persönlichen Verhältnissen ohne weiteres Zögern annahm. Damit ging ein erfolgreiches Kapitel meines Berufslebens zu Ende. Denn nunmehr wurde mir ein anderes Arbeitsfeld zugewiesen (wenn auch der Anstellungsvertrag mit all seinen Inhalten bis zu meinem Ausscheiden aus Altersgründen geblieben ist).

Zurück zu den Anfängen

Wenn auch immer wieder die fünf „M" betont werden, dass also alle Ms gleichwertig und gleichartig an einem Prozess beteiligt sind, so sieht die Praxis ganz anders aus. Weil eben die Chemiker doch auch heute noch das Zaubermäntelchen des Alchemisten umhängen haben, weil Ingenieure die Chemie eben nicht verstehen, ist dort das Übel für den schlecht laufenden Prozess zu suchen. In meiner gesamten Berufslaufbahn musste ich immer wieder hören „die Mischung läuft nicht, die Mischung klebt, die Heißeinreißfestigkeit der Mischung ist schlecht", am Prozess haben wir nichts verändert, an den Maschinen auch nicht; also ist es die Mischung, die sich verändert hat.

Selbst nach über 30 Jahren hat sich an diesen Klagen nichts geändert. So forderte mich ein Produzent, der Probleme mit der Herstellung einiger Teile hatte, auf, nachdem ich nachweisen konnte, dass sich an der Rezeptur nichts geändert hat, beim Mischsaal zu überprüfen ob sich dort vor sechs Monaten etwas geändert hat. Denn genau vor sechs Monaten begannen die Schwierigkeiten mit dem Produkt. Letztendlich nahm der Produzent die Nachforschung selber vor, kam aber zu keinem ihm plausibel erscheinenden Ergebnis. Als jedoch plötzlich, aus welchen Gründen auch immer, die Produktion wieder ohne Beanstandung lief - was ich natürlich nur durch Nachfragen beim Maschinenpersonal erfuhr - waren keine Fragen mehr da, ich wurde auch nicht mehr bedrängt, das Ganze verlief im Sande. (Das ist die alte Weisheit: Wenn es läuft, frage nicht warum, verhalte dich still und sei zufrieden.)

All das hat damit zu tun, dass Mischungen eine „lebendige" Sache sind, wie auch der Käse oder das Fleisch, müssen die Mischungen reifen. Sie haben auch ein Verfallsdatum. Das Eigenschaftsbild von Mischungen ist nicht nur von Zeit und Temperatur abhängig sondern auch von seiner Zeit-Temperatur Geschichte. Es ist nicht egal, ob man im Sommer oder im Winter die Mischung aus dem klimatisierten Lager holt und vor der Maschine zur Fertigung bereitstellt. Abgesehen vom kondensierenden Wasser, sind auch die Löslichkeiten der Ingredienzien unterschiedlich. Das beeinflusst natürlich das Verarbeitungsverhalten aber auch die Vulkanisationsbedingungen.

Während bei Teilen aus dem Kompressionsverfahren, wo noch Einlegen und Entformen von Hand durchgeführt wird, die Vulkanisationszeiten mit den Taktzeiten der Mehrmaschinenbedienung durch einen Arbeiter übereinstimmen müssen, ist bei der vollautomatischen Fertigung im Spritzgießverfahren die Vulkanisationszeit möglichst kürzer zu wählen als die Vorwärmzeit der Mischung in der Plastifiziereinheit. Erst wenn die Maschine mit Entformen, Schließen, Einspritzen und Plastifizieren nicht mehr nachkommt, ist der Produzent zufrieden. Wahrscheinlich kauft er dann eine größere Spritze und das ganze Theater geht von vorne los.

Im Gegensatz zum Kompressionsverfahren wird beim Spritzgießen eine vorgewärmte Mischung in die Nester eingespritzt, wodurch sie noch weiter erwärmt wird, im günstigsten Fall auf Formentemperatur. Dadurch sind natürlich wesentlich kürzere Heizzeiten zu erreichen. Um nun immer den gleichen Vernetzungsgrad zu erreichen, eignen sich für diese Verfahren Heizzeitrechner.

Rechnergesteuerte Vulkanisation II

Der eigentliche Beginn meiner Arbeiten über rechnergesteuerte Vulkanisation liegt in Vahrenwald während meiner Conti-Zeit. Es hat mich immer wieder fasziniert, wie die großen Reifen, insbesondere Ackerschlepper oder EM-Reifen (EM = Earth Mover) aber auch Flugzeugreifen hinsichtlich des Temperaturverlaufs vermessen wurden. Die Auswertung des Vernetzungsumsatzes lief dann über sogenannte Intensitätswerte. Und spätestens hier kam dann die Reaktionskinetik ins Spiel. Die verschiedenen Reifenmischungen von der Innenseele bis zur Laufflächenmischung mussten in ihrer Vulkanisationsgeschwindigkeit so eingestellt werden, dass nach Ablauf der Heiz- und Abkühlzeit alle Aufbauteile richtig vernetzt waren.

Die Fortsetzung in eigenständiger Arbeit fand dann, wie schon beschrieben, bei KACO statt [33]. Die Erfahrungen konnte ich dann unter anderem auch bei Parker mit einbringen. Hier entwickelte Dr. Achenbach ein Programm, mit dem man den Vernetzungsumsatz an einfachen geometrischen Körpern für jeden Punkt bei isothermen aber auch anisothermen Verhältnissen berechnen konnte. Die Weiterführung dieses Programms gestattet es nunmehr auch für beliebige Geometrien, also z. B. Lippendichtungen, wie sie in der Hydraulik verwendet werden, die Vernetzungsumsätze zu berechnen; auch Metallteile können in diesen Teilen enthalten sein. Damit kann ich nun die Vulkanisation eines Teiles simulieren und der Produktion die meiner Ansicht nach notwendigen Heizbedingungen vorschlagen. Außerdem können die für die unterschiedlichsten Heizzeitrechner einzugebenden Mischungskonstanten berechnet werden.

Hier muss nun generell etwas zu der Entwicklung solcher Rechenprogramme und der unterschiedlichen auf dem Markt erhältlichen Heizzeitrechnern gesagt werden.

Versuche die Heizzeiten vorauszuberechnen gibt es schon seit Ende der fünfziger Jahre, wenn auch damals noch mit Rechenschiebern und Nomogrammen gearbeitet wurde. Mit weiterer Verbreitung der Großrechner Mitte der sechziger Jahre konnte die Berechnung der Heizzeiten für die unterschiedlichsten Artikel durchgeführt werden. In diesem Zeitraum gab es auch schon Vulkameter, so dass die Reaktionskinetik vermessen werden konnte. Messgeräte für Wärmeleitfähigkeit,

Wärmeübergangszahlen und Wärmekapazitäten waren ebenfalls vorhanden, bzw. wurden in den großen „Gummihäusern" entwickelt. Allerdings war zu dieser Zeit noch nicht an eine rechnergesteuerte Produktion zu denken. Nachdem Ende der siebziger Jahre Kleinrechner leistungsfähig genug geworden waren und nicht mehr der „main frame" benutzt werden musste, zeigten die ersten Veröffentlichungen zu Beginn der achtziger Jahre die Möglichkeit der rechnergesteuerten Vulkanisation auf. Eine Zusammenfassung der Literatur über diesem Zeitraum ist in [33] gegeben. Einzelne Firmen begannen auch, die Vorteile dieser Art Vulkanisation in der Werbung zu nutzen [81], andere hatten solche Systeme im Eigenbau entwickelt, wie man beim Besuch verschiedener Dichtungsfirmen feststellen konnte. Zu dieser Zeit gab es auch die ersten kommerziell erhältlichen Rechnersteuerungen wie z.B. den Cure Command [82]. Zu Beginn der neunziger Jahre gab es dann auch die in die Gummimaschinen integrierten Rechner verschiedener Hersteller, die aber alle reine Heizzeitrechner waren. Nunmehr kamen aber auch Software-Häuser mit Programmen und Hardware, die nicht nur die Heizzeiten der in der Form befindlichen Kautschukmasse berechneten, sondern auch die gesamte Temperaturgeschichte der Mischung in allen Maschinen vom Einzug der Mischung in die Schnecke oder dem Einlegen des Rohlings in die Form mit in die Heizzeitberechnung einbezogen.

Hier gibt es prinzipiell zwei unterschiedliche Systeme. Die einen, die rein phänomenologisch vorgehen und die Vernetzung mit dem Best-Fit der Vulkameterkurven beschreiben und denen die grundlegenden chemischen Reaktionen an für sich egal sind und die anderen, die versuchen über die Beschreibung dessen, was chemisch bei der Vernetzungsreaktion abläuft, die Mathematik ihrer Algorithmen auszurichten. Letztere, wie z.B. das CAS-System [83] sind mir natürlich lieber, weil hier auch über den Best-fit-Bereich hinaus mit guter Begründung gerechnet werden kann. Auch ist die verwendete Mathematik jedem Chemiker eingänglich, weil hier die Gesetze der Reaktionskinetik berücksichtigt werden, während die Phänomenologen eigene, nicht zugängliche Formeln verwenden. Damit bin ich dann auf Gedeih und Verderb dem Software-Haus ausgeliefert. Hier halte ich es mit den Kommunisten: Vertrauen ist gut, Kontrolle ist besser!

Eines meiner Tagesgeschäfte war die Erstellung von Vulkanisationsbedingungen für die in der Produktion eingesetzten Heizzeitrechner. Hierzu wurden im Labor zunächst die Vernetzungsisothermen gefahren und ausgewertet und zwar nach reaktionskinetischen Grundsätzen. Dann wurden die Kinetikdaten der Inkubationsreaktion und der Vernetzungsreaktion bestimmt. Nunmehr kam mein Part mit diesen Daten in die Achenbach´schen Programme hinein zu gehen und das Vulkanisationsfenster für ein konkretes Teil zu erstellen.

Der ganz normale Alltag

Das allmorgendliche Ritual beginnt mit dem Einschalten des Computers. Zum Hochfahren des Systems muss ein Codewort eingegeben werden. Als Codewörter werden allgemein Vornamen von nahen Familienangehörigen, Ehegatte, Kinder, Mutter, Vater, etc. oder Geburtsdaten verwendet, eben das, was sich am leichtesten merken lässt. Der Computer testet die Eingabe und dann dauert es ein Weilchen, bis das System hochgefahren ist und alle Programme vom Server heruntergeladen sind. Die Zeit kann man nutzen, um die Kollegen zu begrüßen. Zurück am Computer öffnet man zunächst das Programm mit den E-Mails und liest die neuesten Briefe. Heute habe ich von einem Gummi-Kollegen dessen Kommentare über das neue Chemikalienrecht der EU [84] erhalten. Es ist schon bemerkenswert, was die EU alles tut um die Lebensqualität zu erhalten, bzw. zu verbessern. Ob aber die vermehrte Bürokratie wirklich notwendig ist? Egal, es gilt die Informationen aus meiner Sicht zu kommentieren und an die Zuständigen in der Firma weiterzuleiten. Die weiteren E-Mails sind nicht so wichtig, einige sind informativ, andere dienen dem Schreiberling als Rückversicherung, dass er ja reagiert hat (Er hätte besser agiert!). Da hat sich wirklich ein Moloch aufgetan. Auch wenn man Tür an Tür sitzt, oder nur zwei Schritte zu laufen hätte um ein persönliches Gespräch zu führen, wird doch eher gemailt. Sollte doch jemand zu einem persönlichen Gespräch mein Büro aufsuchen, so bringt er das Mobilteil seines Telefons mit. Sobald dies klingelt, wird unser Gespräch unterbrochen und das Mobilteil eingeschaltet. Dies ist die neue Form der Kommunikation, überall und jederzeit erreichbar zu sein. Deshalb verlange ich von jedem (der es aus Höflichkeit nicht von alleine tut) sein Mobilteil vor einem Besuch bei mir auszuschalten. Wie schon mit dem Handy, das anfänglich auch im Theater und in der Kirche klingelte, dauert es auch hier eine gewisse Zeit, bis alle die Regeln akzeptieren und einhalten, die die Höflichkeit (gemessen nach europäischen Maßstäben) gebietet.

Doch schon während des Verteilens der Informationen kommt aus der Produktion die Klage „Mischung klebt". Es ist ein neuer Werkstoff, ein teurer dazu und ein neues Teil. Beim Entformen befindet sich das Teil auf der falschen Seite und außerdem reißt der sehr dünne Mischungsaustrieb immer wieder ein und bleibt teilweise auf der Form hängen. Ein bisschen mehr Material pro Zyklus und durch den dickeren Formaustrieb können alle Teile beim Entformen herausgezogen werden. Eine kleine Änderung in der Form, wodurch das Teil auf der richtigen Formenseite etwas besser gehalten wird, hilft zusätzlich die Entformung zu verbessern. Warum aber ist es immer die Mischung? Warum kommen die Produzenten nicht alleine auf solche Ideen? Nun, diesmal ist die Lösung recht einfach.

Bild 43: Versuchsaufbau für die Alterung von Elastomeren unter Spannung

Im Labor läuft ein neuer, etwas komplizierter Test an. Alterungsuntersuchungen an einem Elastomerwerkstoff unter Gleichspannung in Schwefelsäure sollen durchgeführt werden. Fast sechs Wochen hat der Einkauf benötigt, die notwendigen Glasapparaturen beizuschaffen. Es geht um einen Drei-Wege-Hahn und um den Deckel eines Reaktionsgefäßes. Dichtungsmaterial für die „fuel cells" aus einem neuartigen Butylkautschuk, der peroxidisch vernetzt werden kann, soll auf seine Beständigkeit unter Gleichspannung getestet werden. Die Vorgaben des Kunden verlangen einen Test bei 80 °C über 170 Stunden in Schwefelsäure mit dem pH=1 bei 2V Spannung, die über zwei Goldnetze zugeführt werden sollten. Da wir solches beim Kunden anforderten, schickte er uns ein Edelstahlnetz und meinte, das täte es auch. Zunächst einmal müssen die elektrochemischen Abläufe geklärt werden. Das notwendige Potenzial für die elektrolytische Zersetzung von Wasser liegt bei 1,23V, das weiß ich noch. Wie hoch allerdings die Überspannung an Edelstahl ist, ist mir nicht bekannt. Also zunächst ein Versuch im Reagenzglas und siehe da, die Elektrolyse läuft und Wasserstoff und Sauerstoff werden an den Elektroden abgeschieden. Man sieht wie sich die Blässchen entwickeln und aufsteigen. Die Menge an Wasserstoff lässt sich über den gemessenen Stromfluss hochrechnen. Entgegen der Meinung des Kunden, dass dies kein Problem darstellt, trenne ich Anoden- und Kathodenraum und entsorge den Wasserstoff über einen Abzug in die freie Luft. Knallgasgemisch im Labor und dies über eine Woche lang ist doch ein zu großes Risiko. Also legen wir je eine Gummiplatte zwischen Edelstahlnetz und eine Edelstahlplatte und pressen sie mit Gummiringen aus dem gleichen Material aneinander. Vom Edelstahlnetz führen wir je einen Draht aus den beiden Reaktionsgefäßen heraus und dichten ihn mit dem gleichen Elastomermaterial ab. Kathoden- und Anodenraum werden über eine flexible Leitung aus PVDF (Polyvinylidenfluorid) miteinander verbunden. Danach werden die Reaktionsgefäße mit 0,05 m Schwefelsäure gefüllt. Es ist schon etwas trickreich die Luft aus dem Verbindungsschlauch der beiden Reaktionsgefäße herauszubekommen, denn den Drei-Wege-Hahn können wir nicht benutzen, weil die Durchflussöffnung zu klein ist. Regelthermometer und zwei Rückflusskühler vervollständigen die Apparatur. Und nun kann die Spannung angelegt werden. In den Stromkreis haben wir ein Voltmeter und ein Ampèremeter eingebaut, sodass jederzeit Strom und Spannung abgelesen werden kann. Nach einer Stunde läuft die Untersuchung an und schon kann man die Gasentwicklung beobachten.

Ein Außendienstmitarbeiter schneit herein und bittet zum Besuch beim Kunden. Er hatte zwar gefragt, ob ich zu diesem Zeitpunkt Zeit hätte, aber keine Bestätigung für den Besuch gegeben. Da der Kunde eine halbe Autostunde entfernt ist, fahren wir gleich nach dem Mittagessen los. Allerdings hat der Kunde seine Produktionsstätte verlegt, sodass wir eine Stunde Autobahnfahrt vor uns haben. Auf das Thema muss ich mich nicht speziell vorbereiten, denn es geht um Fluorpolymerwerkstoffe allgemein und dann um das spezielle Dichtungsproblem des Kunden, das wiederum die mechanisch-dynamische Beständigkeit in Getriebeölen betrifft. Nun ja, da bin ich auch fit und wir finden eine Lösungsmöglichkeit für das spezielle Problem und ebenfalls Ansätze für künftige Entwicklungen, die natürlich, wie soll es auch anders sein, höhere Anforderungen an den Werkstoff stellen. Die Fahrt zurück dauert dann glücklicherweise auch nur eine Stunde, obwohl wir zur Hauptverkehrszeit über das Leonberger Dreieck und durch den Engelbergtunnel (bei Stuttgart) müssen.

Zurück in der Firma spräche ich dann mit Kollegen über das neue, alte Problem des Kunden, der unsere Empfehlungen nur teilweise umgesetzt hat und nun weitere Werkstoffverbesserungen fordert. Aber das alleine wird nicht helfen, hier muss wie von uns schon einmal vorgeschlagen, auch konstruktiv etwas verändert werden.

Es war schon längst sechs vorbei, als ich mich auf dem Heimweg mache. Schnell noch unterwegs bei meinem Weingut anrufen, ich brauche noch einige Flaschen Likör, der den Italienern bei ihrem Besuch so gut geschmeckt hat, denn übermorgen fahren zwei Kollegen zum Audit nach Italien.

Dies war alles in allem ein schöner und erfolgreicher Tag.

Von der Freiheit eines Entwicklers

Auf jeder Visitenkarte eines Entwicklers stehen die Kürzel „F&E" oder neudeutsch „R+D", wobei nur letzteres richtig ist, denn Forschung im Sinne einer Grundlagenforschung wird in Industriebetrieben nur ganz ganz selten durchgeführt. Normalerweise nehmen wir Entwickler hinsichtlich der Materialien die Vorgaben der Lieferanten und entwickeln um diese Vorgaben herum gemäß den Spezifikationen der Kunden und den Möglichkeiten unserer Produktion. Wenn aber Fragen hinsichtlich des physikalisch technischen Eigenschaftsbildes insbesondere des visko-elastischen Verhaltens aufkommen, bedienen wir uns aus der Literatur der vierziger Jahre des letzten Jahrhunderts. Wir bauen also generell auf Vorhandenem auf. Sollte es aber jemanden gelüsten, die Elastomerwissenschaft weiter voran zu bringen, so kann er das nur im geheimen und nebenher und möglichst in verschiedenen Projekten versteckt tun. Also die Behauptung, dass ich damals noch als Group-Mitglied im Elfenbeinturm saß und still vor mich hin forschte, also zunächst nichts tat, was auch nur dazu führte einen O-Ring mehr zu verkaufen, zeugt von der Unwissenheit derjenigen, die so etwas von sich gaben. Letztendlich aber wird von den Forschern eine Antwort auf die alltäglichen Probleme und deren Lösung erwartet. Es ist selbstverständlich, dass die in ihrem Elfenbeinturm die Lösung sofort und ohne kostspielige Versuche parat haben. Denn wozu sind sie denn sonst da?

Dieses Wissen um Problemlösungen fällt auch uns - und hier spreche ich für alle meine Kollegen mit - nicht einfach kraft unseres Amtes zu, sondern ist hart erarbeitet. Damit wir immer an der vordersten Front des Entwicklungsstandes sind, reicht es nicht aus in die alltägliche Lektüre, besser noch auch in die Bettlektüre, Gummifachzeitschriften und Fachbücher einzubeziehen (wenn sie denn verfügbar sind). Hier sind Gespräche am besten mit Gleichgesinnten, also mit Kollegen, auch mit denen vom Wettbewerber, sinnvoll. Man erkennt andere Lösungsansätze, die eigenen werden anders bewertet und eine neue Sichtweise der Probleme, nämlich die der Kollegen, hilft vielleicht zu einer effizienteren Lösung. Jedenfalls wird der Horizont erweitert.

Solche Gespräche führt man möglichst in gelockerter Atmosphäre, wie sie bei Symposien (am besten bei denen im Sinne des Wortes), bei Tagungen und insbesondere in Arbeitskreisen herrscht. Ich erinnere mich gerne an jene Zeiten, als wir Vertreter der Dichtungshersteller uns vor der Sitzung des Arbeitskreises trafen und eine gemeinsame Linie erarbeiteten und dies auch zum Vorteil der Ziele des Arbeitskreises. Hier ließen sich am besten Möglichkeiten und Grenzen der Beschreibbarkeit von Gummieigenschaften aufzeigen.

Es ist daher unumgänglich regelmäßig an Tagungen teilzunehmen und in solchen Arbeitskreisen mitzuarbeiten, die die Interessen des Brötchengebers betreffen. Um die Teilnahme muss man kämpfen, manchmal auch mit dem Arbeitgeber. So habe ich denn, wenn es gar nicht anders ging, als Privatmann an Tagungen teilgenommen, die mir besonders wichtig erschienen. Und ich hatte damit immer recht. Hilfreich sind auch Veröffentlichungen oder Vorträge, denn hierdurch macht man sich bekannt und, wenn diese etwas taugen, auch interessant und wird aufgefordert weitere Veröffentlichungen zu tätigen und Vorträge zu halten.

Leider werden alle diese kleinen Freiheiten eines Entwicklers in letzter Zeit immer weiter eingeschränkt. Man sieht das am besten an der Zahl der Tagungsteilnehmer. Auch darf die Entwicklung nur noch projektabhängig statt finden. Also „Flops“ gibt es keine mehr! Wo aber soll der Entwickler dann noch die Erfahrung hernehmen, wenn er keine Fehler mehr machen darf, aus denen er lernen kann? Wie soll er über seinen Horizont hinausblicken, wenn man ihm Scheuklappen umbindet? Wir wären aber schlechte Entwickler, würden wir nicht Nischen und Auswege finden, solche Erfahrungen dennoch zu machen.

Akkreditiertes Prüflabor

Dies ist ein Plädoyer für die Akkreditierung von Prüflaboratorien aller Art.

Als zu Beginn der achtziger Jahre in den USA sich die Wissenschaftsskandale häuften, begann man dieser Entwicklung dadurch gegenzusteuern, dass man die Abläufe bei Untersuchungen und die Dokumentation reglementierte. Unter dem Kürzel „GLP“ (Good Laboratory Praxis) wurden 1990 durch die US EPA (Environmental Protection Agency) Leitfäden erlassen, die „den organisatorischen Ablauf und die Bedingungen unter denen Laborprüfungen geplant, durchgeführt und überwacht werden, sowie die Aufzeichnungen und Berichterstattungen“ regeln. So steht es auch mittlerweile im Bundesdeutschen Chemikaliengesetz. Zunächst einmal war dies gedacht für Labors, die sich mit der Prüfung von Stoffen und Erzeugnissen befassen, deren Ergebnisse Menschen aber auch die Umwelt direkt betreffen. Zur Erläuterung sei angefügt, dass die Bezeichnungen Stoff und Erzeugnis auch deshalb eine gesetzesgemäße Definition erfahren haben. So sind Stoffe über eine CAS-Nummer identifizierbare Verbindungen, denen eine chemische Formel zugrunde liegt, Zubereitungen sind Gemische von Stoffen und Erzeugnisse sind Zubereitungen mit einer für die Funktion vorgegebenen Form [85].

Wie das immer so ist, hat sich eine ganze Industrie diesem Thema gewidmet und daher ist diese Art der Behandlung auf alle Labors übergeschwappt. Bei GLP geht es primär darum, Betrügereien zu verhindern. So was in deutschen Labors? Undenkbar [86], wenn man die Ausbildung der Chemiker in Deutschland bedenkt und den Verhaltenskodex der Gesellschaft Deutscher Chemiker [87] würdigt. Und doch, auch deutsche Wissenschaftler (wenn auch keine Chemiker!) sind nicht gegen die Macht des Geldes gefeit, wie die Ulmer Medizinprofessoren, die gefälschte Ergebnisse veröffentlichten, oder der Karlsruher Geowissenschaftler mit seiner Umweltdissertation über Ozon und dessen bodennahe Entstehung, der einfach nicht passende Werte wegließ, beweisen.

Ganz im Gegensatz zu den Auslassungen eines obrigkeitshörigen Mitarbeiters der Universität Osnabrück [88] ist GLP eben keine Methode, die die Qualität der Prüfungen sichert [89]. An die Richtigkeit der Analyse stellt die GLP keine Ansprüche, salopp gesagt, wenn bisher ohne GLP Unsinn abgeliefert wurde, so wird mit GLP dokumentierter Unsinn abgeliefert. Das was die GLP leistet ist, dass die Untersuchungen auch in anderen Labors nachvollzogen werden können und damit überprüfbar sind, auch international.

Um nun aber auch noch richtige und vor allem immer gleichmäßig richtige Analysen zu erhalten, bedarf es mehr. Hier setzen nun die Maßnahmen an, wie sie z.B. in der DIN-Reihe 45xxx beschrieben sind und die im Jahre 2000 in die internationalen Norm DIN EN ISO/IEC 17025:2000 eingegangen sind.

Die Kompetenz akkreditierter Prüflaboratorien fußt auf zwei Säulen, einem Qualitätsmanagementsystem, welches weit über die Forderungen des GLP hinausgeht und einem technischen Teil, welcher die Richtigkeit und die Zuverlässigkeit der Prüfungen garantiert.

Es war ein hartes Stück Arbeit, welches mehr als ein Jahr in Anspruch nahm und ohne Hilfe eines in solchen Formalismen erfahrenen Beraters in der Zeit nicht durchführbar gewesen wäre. Ein weiterer Pluspunkt war unser „prämierter Gummikoch", der das Laborhandbuch mit Bravour erstellte. Ich hatte daran nur geringeren Anteil und half bei der Formulierung besonders schwieriger Abschnitte. Gerade in jenem Jahr wurde das Land Baden Württemberg 50 und der SWR veranstaltete hierzu ein Fest für alle, die in diesem Jahr 50 werden und etwas besonderes für das Land geleistet haben. Also schrieb ich einen launigen Brief (Bild 44) an den SWR und die Sekretärin, damals hatte ich noch eine, zumindest halbtags, übernahm dann alle weitere Korrespondenz mit dem SWR, der dann eines Tages mit einem Filmteam im Labor erschien. Es ist schon abenteuerlich, was sich die Filmschaffenden unter einem Labor vorstellen. Es muss schon dampfen und rauchen und farbige Lösungen von oben durch einen Rückflusskühler gegossen werden, so wie sich halt diese Leute ein Labor vorstellen. Für diesen Fünf-Minuten-Film (exakt: 3´15,16") in der Abendschau des Südwestfunks benötigten sie einen ganzen Arbeitstag [90]!

Doch zurück zum Akkreditierungsverfahren. Ohne einen weiteren guten Geist im Labor, der alle Maschinen und Programme kennt, für deren Funktion sorgt, wenn nötig, neue Programme schreibt, der also für den reibungslosen Ablauf sorgt und ganz nebenbei auch noch die Mischungen herstellt, wären wir aufgeschmissen.

Nicht zu vergessen sind aber die Damen im Labor, die die Prüfungen durchziehen. Es war ihre Aufgabe den Arbeitsablauf für die einzelnen Prüfungen festzuschreiben und in Arbeitsanweisungen niederzulegen. Ich glaube nach dieser Arbeit kennt jede die von ihr bearbeiteten Normen auswendig. Hier macht ihnen keiner mehr was vor. Das wird bei jeder Überprüfung der Akkreditierung deutlich. Sie verstehen, was sie tun und können dies auch jedem, auch dem Auditor verständlich machen.

Ein Gummikoch wird 50!

Ein jeder Schwabe ist von Geburt an ein Tüftler, aber einen der die schwarze Magie beherrscht, gibt es nur einmal im Schwabenland, nämlich Rolf Kuschel, von Geburt Schwabe, und der wird im Februar 2002 fünfzig.

Besonderes Vergnügen bereiten ihm schier unlösbare Probleme. Ob Weltraumkälte oder Backofentemperaturen, ob Automobil oder Lebensmittel, immer hat er die richtige Gummirezeptur zur Hand. Seine Spezialität aber sind Gummimischungen teurer als Gold für die Chipproduktion. Alle diese Mischungen werden im Musterländle gebraucht und verarbeitet.

Zur Höchstform aber läuft er auf, wenn er sein Wissen an Technischen Akademien weitergibt und dabei ein bisschen aus dem Nähkästchen plaudert.

Wenn ein Saarländer eine solche Lobeshymne auf einen Schwaben schreibt, so muss das schon ein ganz besonderer sein.

Bild 44: Ein Schwabe und sein Land werden 50

Das war im Laufe meiner Tätigkeiten nicht in allen Labors der Fall. Im Rahmen von Vergleichsprüfungen in einem Arbeitskreis lagen wir damals, Ende der siebziger Jahre, mit einer Prüfung im Vergleich zu allen anderen völlig daneben. Der Versuch die Ursache dafür zu finden, scheiterte zunächst an der Überzeugung der Prüferin, dass sie alles richtig und wie immer gemacht hat. Vergleichsmessungen verschiedener Personen im Labor zeigten aber auf, dass doch richtig gemessen werden konnte. Das Problem mit der unnachsichtigen Prüferin löste sich dann durch deren Mutterschaft gewissermaßen von alleine.

Wie dem auch sei, die Akkreditierung war geschafft und die erste Überprüfung war auch schon bestanden. Stolz wurde vom Marketing ein Bulletin [91] auf der Parker Homepage ins Internet gestellt (Bild 45). Die künstlerische Freiheit der Pressestelle verband die Anfänge der analytischen anorganischen Chemie mit Dichtringen. Also Titrationen und dann noch ohne automatische Aufzeichnung sind nicht das hervorstechende Arbeitsfeld in der Gummiindustrie. Aber, siehe oben, es ist schon bezeichnend was sich Nicht-Techniker unter Chemie vorstellen.

Der Geschäftsleitung fiel die Zustimmung zur Akkreditierung des Labors umso leichter, als durch die Analyse- und Prüfaufträge unserer Kunden und weiterer Interessierter (wie z.B. die Ölindustrie) zusätzlicher Umsatz und Gewinn machbar waren. Man kann ja, falls sich der gewünschte Erfolg nicht einstellt, die Akkreditierung wieder auslaufen lassen. Es hat sich aber herausgestellt, dass ein akkreditiertes

Bild 45: Es war ein temporärer Eintrag in die Parker Homepage wert: Das akkreditierte Prüflabor

Ein akkreditiertes Prüflabor

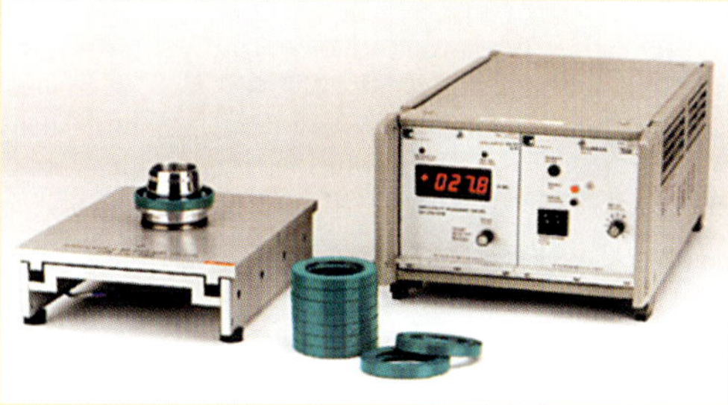

Die Packing Division der Parker Hannifin GmbH & Co. KG verfügt über ein fach-kundiges und nunmehr seit August 2002 durch die DAP, Deutsches Akkreditie-rungssystem Prüfwesen GmbH, nach EN ISI/IEC 17025:2000 bevollmächtigtes Prüflabor. Die Befugnis erstreckt sich auf die Herstellung, Prüfung, Analytik und Schadensanalyse von Teilen aus hochpo-lymeren Werkstoffen, insbesondere E-lastomeren.

Promovierte Chemiker und Physiker sowie ein Stab von Chemieingenieuren, Chemo-technikern und Laboranten und die moder-nen rechnergestützten Prüfsysteme garan-tieren die Richtigkeit und die Genauigkeit der Untersuchungen. Das genutzte, firmen-interne Qualitätsmanagement System wur-de mit den Belangen des Labors EN ISO/IEC 17025:2000 übereinstimmend weiterentwickelt und als eigenständiges System in dem Laborhandbuch beschrie-ben.

Erst dieses system befähigt das Prüflabor auch langfristig gleichbleibend technisch kompetente und fachlich fundierte Ergeb-nisse zu erzielen. Es beinhaltet auch die Forderung an die Mitarbeiter, prüftech-nisch richtungsweisende Entwicklungen zu betreiben. Ein Beweis hierfür sind die in diesem Bereich entstandenen Veröffentlichungen in Fachzeitschriften.

Die Kunden eines weltweit operierenden Unternehmens erwarten, dass Prüfungen und Qualitätssicherungsmaßnahmen durch ein über die grenzen anerkanntes Qualitäts-system gültig sind. Das System, das die allgemeinen Anforderungen an die Kompetenz von Prüf- und Kalibrierlabora-torien beschreibt und weltweite Anerken-nung erreicht hat, ist die EN ISO/IEC 17025:200. Dieses System fordert und ü-berprüft nicht nur das Fachwissen und die Zuständigkeit der Mitarbeiter, sondern auch die Funktion der Geräte und deren Überwachung. Ein Audit alle 18 Monate garantiert die Gültigkeit der Akkreditierung.

Prüflabor ein wirksames Werbemittel ist, mit dem nicht nur die Packing Division, die ja schließlich das Budget dafür freigeben muss, sondern die gesamte „European Seal Group“ werben kann. Die Kunden, insbesondere die, die schon andere Labors gesehen hatten, die dann fachkundig durch das Labor geführt wurden, waren angenehm beeindruckt ob der Möglichkeiten zur Messung von Gummieigenschaften. Hier kann ich mit Stolz sagen, habe ich im Laufe der Jahre ein modernes, funktionales Labor aufgebaut.

Erneuerung eines Labors

EOL: End of Life. Zum ersten Mal wurde ich von einem Messgerätehersteller mit dieser Floskel konfrontiert. Ein Messgerätesystem, das gerade mal bei uns 15 Jahre im Betrieb ist, wird vom Gerätehersteller nicht mehr gepflegt. Das Messgerät an sich funktioniert noch gut und Ersatzteile sind auch noch ausreichend vorhanden, bzw. die aus neueren Geräten können auch hier noch eingesetzt werden. Doch ohne Rechnersteuerung und -Auswertung ist mit den Signalen nichts anzufangen. Die verwendeten Rechner werden nicht mehr gebaut, die Software nicht mehr gepflegt und das Betriebssystem für den Rechner sowieso nicht mehr. Da die Auswerte-Software auf den neueren „IBM kompatiblen“ Rechnern nicht läuft, können, wenn der Rechner ausgefallen ist keine Messungen mehr ausgewertet werden. Da ich mittlerweile den dritten dieser veralteten Rechner besorgt habe, seine beiden Vorgänger haben den Geist aufgegeben und waren auch nicht mehr zu reparieren, ist es höchst unwahrscheinlich, dass wir noch einen weiteren auftreiben, wenn dieser endgültig abstürzt. Das bedeutet dann das „EOL“ für dieses Gerät und zwingt zu einem Neukauf.

Die Erfahrung führt dazu, dass für alle Geräte, die nur mit Hilfe eines PCs funktionieren, eine Risikoanalyse erstellt werden muss. Diese Risikoanalyse wird dann mit Hilfe eines FMEA (=Fehler-Möglichkeit-Einfluss-Analyse) bewertet. Für moderne Messsysteme braucht man auch ein modernes Managementsystem.

Wie war das ehedem doch so bequem (in Anlehnung an die Kölner Heinzelmännchen) als die Daten noch abgelesen und aufgeschrieben wurden oder schon moderner ein Lichtzeiger auf einem lichtempfindlichen Papier seine Spur hinterließ, wobei das Papier auf einer mechanisch angetriebenen sich drehenden Trommel befestigt war.

Hat man nun alle Hürden von der Erstellung des Lastenheftes bis zur Genehmigung durch die Geschäftsleitung für ein neues Gerät genommen, so kommt sicherlich der Einkäufer mit einem anderen, wesentlich billigerem Gerät, welches er im Internet gefunden hat. Schon wieder beginnt man mit dem Versuch, nunmehr den Einkäufer, zu überzeugen, dass das Gerät des ausgesuchten Herstellers genau das ist, was man für die gewünschten Analysen braucht. Im übrigen nutzt es gar nichts, wenn die noch fehlenden Module von einem weiteren Lieferanten beigestellt werden. Die Erfahrung hat gelehrt, ein Messsystem von einem Hersteller komplett zu kaufen, der dann auch das gesamte System wartet und Fehler nicht auf einen anderen Lieferanten abschieben kann.

Wie war das ehedem doch so vernünftig als der Leiter des Labors für seinen Bereich verantwortlich, das Vertrauen seines Chefs genoss und deshalb die Geräte bekam, die er ausgesucht hatte. Auch für den Einkauf war es einfacher, musste er doch nur noch den Preis des Lieferanten um den Anteil drücken, den dieser vorher bei der Verhandlung mit dem Labor schon eingearbeitet hatte.

Drei Gruppen von Geräten benötigt man in einem Gummilabor., die erste, die sich mit der Herstellung von Mischungen und Messung der Eigenschaften dieser befasst, die zweite, die den Übergang von Mischung zu Gummi beschreibt und die dritte, die die Eigenschaften des Produktes nach der Vulkanisation misst. Die beiden ersten sind wichtig für die Produktion, weil hier das Verarbeitungsverhalten überprüft wird, während die dritte Gruppe sowohl für den Gummi-Teile Hersteller als auch für dessen Kunden von Interesse ist, weil an Hand dieser Messungen die Gebrauchstüchtigkeit und -Dauer bestimmt bzw. vorausberechnet werden kann.

Als ich vor mehr als 30 Jahren in der Gummiindustrie begann, wurden Mischungen noch über Defo-Messungen und Stufenheizung freigegeben. Unter besonderen Umständen ließ sich dies auf eine Vulkametermessung reduzieren (siehe Abschnitt Mischungsfreigabe). Im Falle von Mischungen für Reifen, Dichtungen oder andere technische Artikel, von deren Funktionieren Menschenleben abhängen, reicht dies natürlich nicht aus. Es werden weitere Prüfungen verlangt, die das Eigenschaftsbild näher beschreiben. Hierzu ist es notwendig, Gummiplatten zu vulkanisieren und eventuell bis zu 24 Stunden zu tempern (in Öfen bei höherer Temperatur zu lagern). Aus diesen Gummiplatten werden dann Prüfkörper geschnitten, die vermessen werden. Das alles verzögert nicht nur die Freigabe, sondern hat auch seinen Preis.

An diese Stelle möchte ich gerne ein einfacheres Freigabeverfahren setzen. Es wird nur noch eine Vulkameterprüfung gefahren und keine Gummiplatten mehr vulkanisiert. Über zeitliche- und Messwert-Tore in den Vernetzungsisothermen wird die Gleichmäßigkeit der Mischungen überprüft. Am dabei erzeugten Vulkanisat werden die weiteren Eigenschaften gemessen.

Die Dichte wird auch heute immer noch nach dem archimedischen Verfahren bestimmt, was man an dem Vulkameter-Prüfkörper mit großer Genauigkeit machen kann. Nimmt man den inneren Teil dieses Prüfkörpers und verformt diesen zyklisch,

Bild 46: Neues System für die Mischungsfreigabe

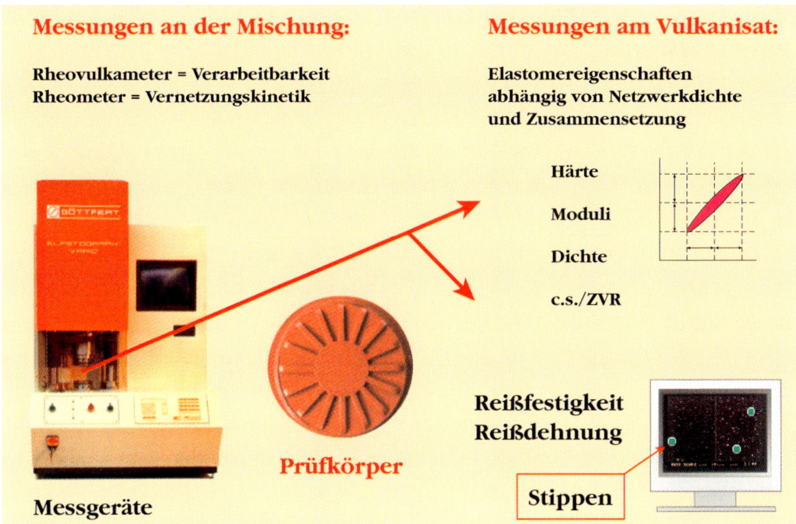

kann man die dynamische Steifigkeit des Materials messen [92] und hat damit einen weiteren Messpunkt, der die Identität des Materials bestätigt. Das eigentliche Problem, warum man vulkanisierte Prüfkörper zerreißt, liegt daran, dass Reißfestigkeit und Bruchdehnung nicht über andere bisher gemessene Werte vorausgesagt werden können. Reißfestigkeit und Bruchdehnung sind primär abhängig vom Polymer, von der Netzwerkstruktur und -Dichte. Dies lässt sich zum Teil aus den bisher gemessenen Daten ableiten. Einen weiteren Einfluss hat die Verteilung der Mischungsbestandteile sowie die Größe einzelner Partikel. Insbesondere die grobkörnigen Teilchen, wobei hier Teilchengrößen im Bereich von 100µ schon als grobkörnig bezeichnet werden, sind Ausgangspunkt von Rissen und daher Ursache für niedrige Festigkeiten und kleine Bruchdehnungen. Wenn man also die Messung von Festigkeit und Bruchdehnung sparen will, braucht man statt dessen eine Messung der Verteilung und der Korngröße von Mischungsbestandteilen. Moderne Mikroskope geben mit einer entsprechenden Software die Möglichkeit, Anzahl und Größe von sogenannten Stippen zu messen [93]. Erweitert man diese Prüfungen noch um eine Viskositätsmessung [94], so sind alle Daten vorhanden, die den Beweis der Identität und Gleichmäßigkeit der Mischung erbringen können.

Bisher hatte man die Eigenschaften der Elastomere versucht mittels Einpunkt Messungen zu beschreiben. So z.B. durch Einlagerungen von Prüfkörpern in verschiedenen Medien wie Kraftstoffen oder Ölen oder anderen Chemikalien und Bestimmung der Eigenschaftsänderungen nach einer bestimmten Zeit, meist 72 Stunden (= 3 Tage) oder wenn es hoch kommt nach 1000 Stunden (=42 Tage). Was aber eigentlich notwendig ist, sind Funktionen, mit denen man die Änderungen der Eigenschaften zu jedem beliebigen Zeitpunkt für irgendeine Temperaturgeschichte berechen kann. So muss nicht die Festigkeit und die Bruchdehnung bestimmt werden, sondern die Funktion des Weiterreißwiderstandes über der in das Material eingebrachten Weitereißenergie. Statt des Moduls oder der Härte ist es besser ein Materialgesetz hinsichtlich

Bild 47: Gummi prüfen aber wie? Alternativen zu bisherigen Messungen

Messmethoden	**Predictive Testing**
Dichte	→ Dichte
Härte	→ Elastizitätsmodul
Festigkeit	→ Weiterreißenergie
Reißdehnung	→ Weiterreißenergie
Spannungswert	→ Materialgesetz
Druckverformungsrest	→ Spannungsrelaxation

Dehnung und der dazu notwendigen Kraft anzugeben, statt Druckverformungsrest ist es sinnvoller die Spannungsrelaxation zu messen. Wenn man dies alles berücksichtigt, dann kommt man zu der Erkenntnis, die ich seit Jahren in meinem Seminar predige [95], dass mit den Einpunktmessungen keine Entwicklung moderner Werkstoffe möglich ist. Auch ist eine Voraussage der Funktion von Gummiteilen nur dann mit Hilfe der FEA möglich, wenn man diese Funktionen einsetzen kann.

Ein erfahrener Kautschukmann, ehemals bei der Bayer AG tätig [96], der in seinem Berufsleben nicht nur den Automobilleuten die Besonderheiten des Werkstoffs Gummi beizubringen versuchte und selbst im Rentenstand noch in der Ausbildung an technischen Akademien bzw. Schulungszentren tätig ist, hat vor Jahren folgenden Satz geprägt, der gerade für diesen Abschnitt als Schlusspunkt hervorragend geeignet ist:

„Wir sollten aufhören Elastomerwerkstoffe für morgen mit Prüfmethoden von gestern zu bewerten"

Werkstoffvisionen

Im Grunde lassen sich alle Hochpolymere[1] aus denen letztendlich Gummi hergestellt wird, auf einen Grundkörper, Ethylen, zurückführen (Bild 48). Setzt man an die Stellen 1-4 statt Wasserstoff andere Elemente oder Molekülgruppen, so kann man alle Kautschuke (auf Kohlenstoffbasis) herstellen, wenn man unterschiedliche Monomere verwendet [98].

Bild 48: Modell des Ethylens (=Ethen) und seiner Derivate

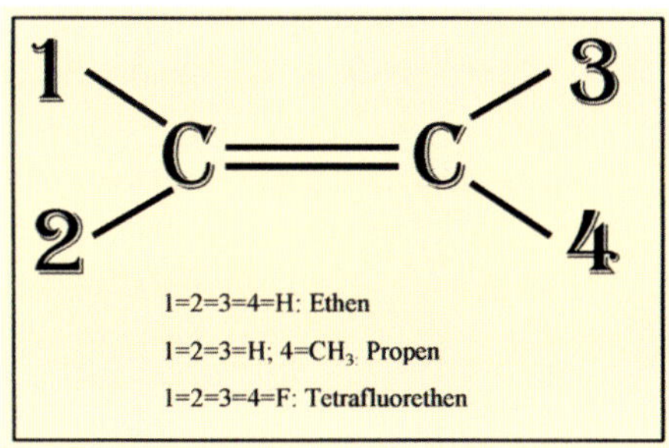

[1] H. Staudinger, der Begründer der makromolekularen Chemie prägte die Bezeichnung Hochpolymere [97].

Bisher sind so viele Monomere eingesetzt und die Produkte getestet worden, dass wohl kaum noch neue Kohlenstoffketten-Polymere gefunden werden. Jetzt geht es nur noch um das feine Einstellen (neudeutsch: Tuning). Mit neueren Katalysatoren [99] lässt sich nunmehr fast jedes mit jedem Monomer verbinden und das leidige Problem der Blockbildung bzw. alternierenden Monomerfolge ist auch gleich gelöst. Die Chemie ist damit am Ende, was den Polymeraufbau betrifft. Jetzt sind die Physiker und Verfahrensingenieure gefragt, die das richtige Molekulargewicht und die optimale -verteilung finden müssen. „Nano" ist zur Zeit das Schlagwort, gleich ob es sich um Primärteilchen der Polymere oder verstärkende Füllstoffe handelt.

Getrieben von der Massenproduktion stand gerade in den letzten Dezennien die automatische Fertigung im Vordergrund. Dieser wurde alles untergeordnet. Mischungen mussten so eingestellt werden, dass, wie ein amerikanischer Slogan lautet „three shifts, one week", ohne Unterbrechung produziert werden konnte. Darunter leidet mit Sicherheit das Eigenschaftsniveau des Gummis; und das gilt für alle Elastomere. Nunmehr wird aber ein Trend zumindest fühlbar, dass höhere Leistungen gefordert werden und längere Gebrauchsdauern gefragt sind. Damit dreht sich der Trend bezüglich der Verarbeitung um und in gewisser Weise sind wieder die „alten" Polymere gefragt, aber nunmehr mit optimiertem Polymeraufbau und den richtigen Endgruppen an den Polymerketten [100]. Dazu gehört nun auch ein thermisch besseres Vernetzungssystem als die normal übliche Schwefel- oder Schwefelspender Vernetzung. Mit den schon lange angekündigten und nunmehr kommerziell erhältlichen längerkettigen Schwefelverknüpfungen [101] ist auch dieses Ziel erreicht. Natürlich gehört auch eine neue Generation von Verarbeitungshilfsmitteln dazu, die die Verarbeitung dieser neuen-alten Polymere auf konventionellen Maschinen erst ermöglichen. Auch die Füllstoffhersteller und hier insbesondere die, die Ruße machen, tragen ihr Scherflein dazu bei.

Diese Entwicklung geht eigentlich auf die Forderung der Politiker zurück, die diesmal nicht mit denen der Gewinnmaximierer übereinstimmen, sondern sich vielmehr mit der Frage beschäftigen wie Europa zur Umwelt steht oder besser, wie sie die Umwelt für unsere Enkel gestalten wollen. Ausgehend vom Kreislauf-Wirtschafts- und Abfallgesetz 1996 in der Bundesrepublik hat nun die EU eine integrierte Produktpolitik auf ihre Fahnen geschrieben [102]. Eines der Ziele dabei ist, über die optimierte Gebrauchsdauer die Ressourcen zu schonen und die Umwelt weniger zu belasten.

Um die Gebrauchsdauer vorauszusagen müssen die relevanten Eigenschaften des Gummis für den Anwendungsfall bekannt sein. Das Verständnis, wie Gummi auf Verformungen unter Medien- und Temperatureinfluss reagiert, ist ab den dreißiger Jahren des letzten Jahrhunderts entwickelt worden. Die Grundlagen dafür legte Hermann Staudinger, der dafür 1953 mit dem Nobelpreis ausgezeichnet wurde. Die Messungen um die Eigenschaften des Werkstoff beschreiben zu können, sind außerordentlich umfangreich und sehr kostspielig. Erst in unserer Zeit ist es möglich, mit Hilfe der Computer die Messungen zu automatisieren. So können denn Materialparameter ermittelt werden, die Eigenschaften und deren zeitliche Änderungen von Gummi beschreiben. Und nun erst kann man mit Hilfe der Finiten-Elemente-Analyse das Bauteil und dessen Funktion über einen langen Zeitraum sowie die Gebrauchsdauer simulieren. Hier hat mir die gute Conti-Ausbildung sehr geholfen, so dass ich die Arbeiten der Gummitheoretiker umsetzen kann und für die Berechnungsabteilung die Materialparameter aus den dem Problem angepassten Prüfungen zur Verfügung stelle. Wird nun das richtige Modell angesetzt, kommen die Simulationsergebnisse der Wirklichkeit sehr nahe.

Der vorletzte Abgesang

Es ist vollbracht. Das aktive Arbeitsleben geht dem Ende zu. Allerdings hatte ich mir den Abgang immer anders vorgestellt. Zumindest aber kann ich einen Teil meines Erfahrungsschatzes an meine Nachfolger weitergeben, denn soviel Zeit ist noch, diese in die Unwägbarkeiten des Gummis einzuweihen. Das ist eine ehrenvolle Aufgabe und versöhnt etwas mit den sonst so für mich ziemlich unverständlichen Gehabe des „upper managements" (hier ist der Anglizismus richtig angebracht!), zu deutsch Führungspersonal. Die unterschiedliche Denkweise mag auch mit dem Generationenwechsel zu tun haben, denn die Vergleiche mit dem Führungsstil der sechziger und siebziger Jahre des letzten Jahrhunderts zeigen Welten auf.

Ich glaube, dass die Gewinnmaximierung in ihrer brutalst möglichen Form gerade heute praktiziert wird und alle Änderungen in Arbeit, Kultur und Egomanie erst herausgebildet hat. Wenn alles dieser Maxime untergeordnet wird, dann bedingt dies auch den schnellen Wandel all dessen, was uns umgibt und natürlich auch uns selbst.

Doch genug geklagt.

Wie schon geschildert hat man für einen verdienten „Gummiker", Dr. Khairi Nagdi, einen Nachfolger gesucht. Auch hier zeigte sich das Problem eines Generationenwechsels. Die Umstellung des Labors auf ein dem Stand der Technik angepasstes, mit den Möglichkeiten, die die Computerisierung hergab, war eine der ersten Aufgaben, die mich gereizt hat, den Job überhaupt anzunehmen. Die größere Aufgabe, die mich interessierte, war jedoch die Globalisierung der Mischungsrezepturen. Erfahrungen hierzu, die ich machen musste, insbesondere der terminus technicus „not invented here", also kann es nichts taugen, haben mich schon etwas realistischer gestimmt. Hier bin ich letztlich, aus welchen Gründen auch immer, gescheitert. Aber die multinationalen Kontakte und die globale Erfahrung haben mich im Verständnis des Funktionierens eines global arbeitenden Großkonzerns weitergebracht. Insbesondere wurde mir aufgezeigt, dass wenn ein Funktionsträger eine Entwicklung nicht positiv mitgestaltet, man diese getrost vergessen kann.

Die Entbindung von globalen Aufgaben und die Rückführung von der Stabs- in die Linienfunktion brachte mich zu all dem zurück, was ich während meiner Lehr- und Wanderjahre erlebt hatte. All diese Vorurteile der Ingenieure hinsichtlich der Werkstoffe, die schon Julius Peter [3] beschrieben hat, sind wieder Tagesgespräch und bedürfen der üblichen Behandlung. Da Maschinen grundsätzlich keine Toleranzen bezüglich ihrer einmal eingestellten Parameter haben, muss also die fehlerhafte Produktion zwangsläufig am Werkstoff liegen (Situation wie gehabt). Wann endlich arbeiten Chemiker, Physiker und Ingenieure als Team, wo jeder jeden zu verstehen versucht?

Es ist den meisten Produzenten nicht beizubringen, dass Mischungen etwas Lebendiges sind, dass sie auf Temperatur, Feuchtigkeit und Lagerzeit reagieren, sich verändern und dass sich die Verarbeiter darauf einzustellen haben. Versucht man nun die Einflüsse durch bestimmte Mischungsvarianten zu minimieren, was natürlich die Materialkosten erhöht, schreit nicht nur der Einkauf Zeter und Mordio.

Rechnet man aber diese Maßnahmen über die Produktivität hoch und bezieht alle Missgeschicke (Produktionsausfall, Ausschuss etc.) mit ein, so liegt man mit den teureren Mischungen am Ende doch besser. Hier muss das Verständnis der Fachleute, am besten durch Job-Rotation, füreinander wesentlich verbessert werden.

Was wirklich Not tut, sind Prüfungen, die das Verarbeitungsverhalten von Mischungen in den verschiedensten Verfahren besser beschreiben. Mooney-Viskosität und -Anheizung, geschweige denn Defo, reichen eben nicht aus, das Verhalten während des Einspritzens in hochmodernen Spritzgussmaschinen nachzuvollziehen bzw. im Voraus zu beschreiben. Es ist manchmal schon verwunderlich, wenn erwartet wird, dass ein für Kaltkanal-Spritzverfahren optimal eingestellter Werkstoff, der mit den kürzesten Scorchzeiten auskommen muss, auch bei Verfahren mit temperierten Vorratstöpfen mit Inhalt für mehr als eine Schicht, was eigentlich sehr lange Scorchzeiten erfordert, gleichgut laufen soll. Vielleicht finden wir ja noch den chemischen Schalter, mit dem man zumindest den Beginn der Vernetzungsreaktion aus- und einschalten kann.

Bei den Vulkanisateigenschaften hat sich herauskristallisiert, dass Funktionen der vier Elemente Viskoelastizität, Spannung und Dehnung, Netzwerkdichte und -struktur sowie die Bruchmechanik, zur Beschreibung der Gummieigenschaften von Dichtungselastomeren notwendig, aber auch hinreichend sind. Kennt man diese Funktionen eines Werkstoffes, ist die Optimierung einer Dichtung mit Hilfe der FEA unter Voraussetzung der Verwendung eines geeigneten Modells möglich und Aussagen über die Gebrauchsdauer machbar.

Es ist schön und befriedigend zugleich, dass die gesamte Arbeit, insbesondere die des letzten Jahrzehnts, eine solche Aussage ermöglichen.

Fazit

Die Stationen

Die Summe aller Erfahrungen in den mehr als 36 Jahren Tätigkeit in der oder für die Gummiindustrie lässt sich mit einem Ausdruck zusammenfassen: *„Schwein gehabt"*. Und wer kann dies in der heutigen Zeit beim Ausscheiden aus dem aktiven Arbeitsleben noch von sich behaupten?

Schon der Einstieg in die industrielle Welt war auf Grund der den damaligen Vorschriften nicht angepassten Kleidung bei der ersten Vorstellung in Hannover eine Besonderheit. Welcher Arbeitgeber legt heute noch Wert auf dunklen Anzug, weißes Hemd und Krawatte bei der Vorstellung eines Kandidaten? Wie auch immer, wurde ich doch gerade dadurch der Gummiindustrie zugeführt. Die damalige universitäre Ausbildung der Chemiker hatte noch eine sehr breite Basis, die durch Nebenfächer, wie in meinem Falle Materialkunde, Kristallographie und Radiochemie noch erweitert wurde. Auch als Anorganiker konnte man sich durchaus auf dem Feld der Organiker zurecht finden. Glücklicherweise hatten die Großkonzerne damals ein Ausbildungsprogramm für ihre zukünftigen Führungskräfte, das den Namen auch wirklich verdiente. Fit für den Job war man damals erst nach mehrjähriger Lehrzeit.

Durch den Wechsel vom Großkonzern zu einem mittelständischen Unternehmen, in dem für das Labor der Generationenwechsel anstand, konnte ich alles das, was ich in den Jahren gelernt hatte, umsetzen. Hinzu kam noch die Zusammenarbeit mit den Kunden und dadurch auch die Arbeit in nationalen Gremien, die zur Beschreibung von Gummieigenschaften Prüfvorschriften erstellten. Die gesammelten Erfahrungen machten mir deutlich, dass einige Dinge, was den Gummi anbelangt, klar gestellt und einer breiten Anwenderklientel übermittelt werden musste. Wie kann man dies besser bewerkstelligen, als mit Veröffentlichungen in den entsprechenden Fachzeitschriften. Wie ich Jahre später erfahren sollte, ist eine dieser Veröffentlichungen [31] um die Welt gegangen und wurde verschiedentlich ins Englische übersetzt. Diese Arbeiten erhöhten natürlich meinen Bekanntheitsgrad insbesondere auch bei Wettbewerbern und da Laborleiter bzw. Gummiker kein Ausbildungsberuf ist, brachte mir dies so manchen Antrag ein. So kam eines Tages ein Angebot, das mein besonderes Interesse weckte. Die Aufgabenstellung ging über den üblichen Rahmen eines Laborleiters und Gummikers (Mischungsentwicklung, Betriebsbetreuung und Anwenderberatung) hinaus, weil sich die Verantwortung auf alle Produktionslinien und Fertigungsstätten der europäischen Dichtungsgruppe bezog und weitere internationale Aufgaben beinhaltete. Das war nicht nur vom Arbeitsgebiet her verlockend, auch die Möglichkeiten einer weltweiten Aktivität waren anziehend, so dass ich die bisherige Laborleitung zwar einerseits mit Bedauern andererseits in froher Erwartung aufgab. Nach der anfänglichen Euphorie bezüglich der Aufgaben und der globalen Möglichkeiten hatte ich insofern das Glück, als ein Physiker eingestellt wurde, der die Beschreibung von Gummi und den daraus hergestellten Dichtungen auf eine mehr wissenschaftliche Basis stellen sollte. Daraus wurde, trotz aller widrigen Veränderungen eine jahrelang währende fruchttragende Arbeitsgemeinschaft, die hoffentlich noch über mein Ausscheiden aus dem aktiven Arbeitsleben anhält.

Gefühle in der Arbeitswelt

Schon bald, nach dem Wechsel von der Geborgenheit der Universität in die industrielle Arbeitswelt hat sich bei mir herauskristallisiert, dass insbesondere die Arbeit Freude machen muss, das Arbeitsklima möglichst unbelastet vom Einfluss der Karrieristen und die Entlohnung auch dem Gefühl nach gerecht sein sollte. Auf diese Reihenfolge in der Bewertung legte ich immer besonderen Wert. Nun, ersteres hat bis zu meinem Ausscheiden gestimmt, während das Arbeitsklima nicht nur von den handelnden Personen, sondern auch von den Besonderheiten des Unternehmens zum jeweiligen Zeitpunkt abhängt. Jedoch ist es gerade der Teil der handelnden Personen, nämlich die Führungskräfte, die das Arbeitsklima bestimmen. Eine der Grundvoraussetzungen für ein angenehmes Klima ist das Vertrauen in die Arbeit und das Fachwissen der Mitarbeiter. Spürt man solches, so benötigt es keiner weiteren Motivation auch dann, wenn es darauf ankommt, einmal etwas mehr zu leisten. Noch mehr, das geschenkte Vertrauen schweißt zu einer Firmengemeinschaft zusammen, „Wir von der Conti“ oder wie die Firma auch immer heißen mag.

Wenn auch die Arbeit (fast) immer Freude machte und die finanzielle Seite bei einem normalen Akademikereinkommen keine Lebensängste aufkommen lässt, solange die monatliche Überweisung, ob im Gefühl gerecht oder ungerecht, auf dem Konto ist, gibt dies zumindest ein Gefühl der Sicherheit. Wobei natürlich im Notfall der Rückgriff auf vorhandene elterliche Hilfe von ungeheurem, nicht nur zählbarem Nutzen ist, wie es bei mir der Fall war. Gott sei Dank, musste ich diese bisher nie in Anspruch nehmen.

Was aber nicht so einfach an jedem vorbeigeht, auch wenn man das zunächst glaubt und Einflüsse negiert, ist das Arbeitsklima. So ist die Zunahme meiner Körperfülle um mehr als 10 % Mitte der neunziger Jahre nicht nur auf das zunehmende Alter zurückzuführen, sondern zum größeren Teil auf die erheblichen Veränderungen in den Arbeitsbedingungen. Eine gravierende Änderung des Arbeitsklimas bedarf einer Aufarbeitung unter Freunden, mit ärztlicher Hilfe, wie auch immer. Mir ist dies deshalb gelungen, weil erstens mein Wissen gefordert wurde und weil ich mich dazu aufraffte, all dies niederzuschreiben, gewissermaßen als Stuhlgang der Seele.

Ausblick

Auch nach Beendigung der aktiven Arbeitszeit bleibe ich dem Gummi verbunden. So werde ich versuchen mein Wissen an Akademien und bei Veranstaltungen weiter zu geben und das Gummi-Symposium an der Technischen Akademie Wuppertal noch eine Weile, bis sich ein Nachfolger gefunden hat, weiter zu führen. Bei entsprechender Anfrage bin ich auch bereit beratend tätig zu werden.

In mehr als zwanzig Veröffentlichungen habe ich über meine bzw. unsere Arbeiten berichtet. Hier ging es zumeist um die Prüfung der Eigenschaften von Gummi. Was liegt also näher, als diese Arbeiten in Buchform zusammenzufassen. Der Titel steht schon: „Gummi prüfen - aber wie?".

Literatur

1. W. Hofmann: „Kautschuk-Technologie", Gentner Verlag Stuttgart, 1980 S. 332: Bound rubber
2. J. Peter, W. Heidemann: „Eine neue Methode zur Bestimmung der optimalen Vulkanisation von Kautschukmischungen", KGK 10 (1957) 168 WT
3. J. Peter: „100.000 Stunden Gummiindustrie", Dr. Gupta-Verlag, Ratingen 1993
4. Vornorm DIN53529 Blatt 2, Oktober 1972: „Prüfung von Elastomeren - Vulkametrie - Bestimmung des Vulkanisationsverlaufes von Kautschukmischungen mit Vulkametern und die reaktionskinetische Auswertung von Vernetzungsisothermen", Beuth Verlag, Berlin
5. G. Streit: „Rechnerunterstützte Auswertung von Vulkameterkurven", KGK 35 (1982) 497
6. G. Streit, S. Reggentin: „Zur Kinetik der Peroxid-Vulkanisation", GAK 49 (1996) 134
7. A. Cossu, H. Möhler: „Rechnergestützte reaktionskinetische Untersuchungen zur Vulkanisation mittels Vulkameter und Thermischer Analyse", KGK 47 (1994) 84
8. N. N.: „Polysar Handbook", Volume 2, Copyright 1960, Polysar Corporation Limited, Sarnia, Canada (jetzt zu Bayer AG Leverkusen gehörend) S. 923
9. N.N. : „Handbuch für die Gummiindustrie", Bayer AG, Leverkusen, S. 207
10. G. Streit: „Thermische Grenzen für Elastomere in der Dichtungstechnik I", Seminar Nr. 8102250102 der TAW Wuppertal: Elastomere als Dichtungsmaterialien, Technische Akademie Wuppertal e.V.
11. DIN 53520, Januar 1969: „Torsionsschwingungsversuch", Beuth Verlag, Berlin
12. M. Achenbach, G. Streit: „Thermodynamische Beschreibung der Gummielastizität", GAK 54 (2001) 164ff
13. J. Peter: „Hunderttausend Stunden Gummiindustrie", GAK 43 (1990) 633
14. G. Streit: „Reißwerte bei Spannungsdehnungsuntersuchungen - ein Auswerteprogramm", KGK 38 (1985) 288
15. N. N.: ASQ-Formblatt für statistische Auswertung des Ausschusses für wirtschaftliche Förderung e.V. (AWF) vertrieben vom Beuth Verlag, Berlin
16. J. Peter: „Die Stellung der Gummi-Industrie im Gesamtrahmen der Hochpolymer-Industrie", KGK 38 (1985) 603
17. www.Krupp-Elastomertechnik.com
18. B. Jukowski, S. Rozwadowski, J. Kubis: „Die Lebensdauer von Heizbälgen bei der Reifenvulkanisation", GAK 31 (1978) 583

19. W. Hofmann: „Vulkanisation & Vulkanisationshilfsmittel", S. 325ff; Herausgeber: Farbenfabriken Bayer AG Leverkusen (Anwendungstechnische Abt./ Kautschuk) 1965
20. Im Internet bei „rep L´injection du caoutchouc" bei der Suche nach Heizbalg gefunden: www.rep News n3all.pdf
21. D. Christi, C. Bontschev: „Untersuchung der Beschleunigung der Harz-Vulkanisation von Butylkautschuk mit Hilfe des Mössbauer-Effektes", KGK 26 (1973) 304
22. J. P. Lehnen: „Maschinenanlagen und Verfahrenstechnik der Gummiindustrie", Berliner Union, Stuttgart 1968
23. E. Begemann: „Anlagen und Verfahren für die Reifenvulkanisation", GAK 31 (1978) 140 und GAK 31 (1978) 320
24. N. N.: „Brombutylhandbuch", Polysar Corporation Limited, Sarnia, Canada (jetzt zu Bayer AG Leverkusen gehörend)
25. Lit. cit. 13, GAK 42 (1989) 371
26. DIN 3761: Radialwellendichtringe für Kraftfahrzeuge, Teil 3, Teil 14 und Teil 15
27. Verband der Automobilindustrie e.V. (VDA), Frankfurt/Main: VDA Prüfblatt 521-03: Elastomere Einwirkung von Kühlmedien; VDA Prüfblatt 521-04 Elastomere Einwirkung von Bremsflüssigkeiten
28. F. Krämer, W. Plum, G. Streit: „Rechnerunterstützte Mischungsfreigabe", KGK 36 (1983) 373
29. www.freecom.de, zum Beispiel FM-1 USB Stick 128 MB
30. G. Streit: „Halbautomatische Dichtebestimmung in der kautschuk- und kunststoffverarbeitenden Industrie", KGK 34 (1981) 39
31. G. Streit, S. Dunse: „Fluorelastomere - Vernetzungssysteme und Wechselwirkung mit Motorölen", KGK 38 (1985) 471
32. G. Streit: „N-Nitrosamine in der Gummiindustrie - ein Vernetzer-Problem", KGK 42 (1989) 298
33. G. Streit: „Rechnergesteuerte Vulkanisation am Beispiel des Standardreferenzelastomers NBR1" KGK 40 (1987) 46
34. H. Bucher, R. W. Heinrich: „Klemmvorrichtung" Offenlegungsschrift DE 3610542.2
35. P. Engel: „Japanische Organisationsprinzipien Verbesserung der Produktivität durch Qualitätszirkel", verlag moderne industrie AG Zürich, 1981

36. ISO 9000: „Prinzipes de management de la qualité", www.iso.ch/iso/fr/iso9000-14000/iso9000/iso9000index.html
37. G. Walter: „Qualitätsbeeinflussende Produktionsfaktoren bei Elastomerspritzgussteilen - Anforderungen eines Kfz-Anwenders", in „Spritzgießen von Gummiformteilen", VDI Verlag GmbH, Düsseldorf 1988
38. K. Nagdi: „Gummi-Werkstoffe · Ein Ratgeber für Anwender", 2. Aufl., Dr. Gupta Verlag 2002, Ratingen
39. Das Aktuelle Interview, KGK 37 (1984) 515
40. J. Peter : „Zehn Jahre DIK - Vergangenheit und Zukunft", KGK 48 (1995) 9
41. M. Achenbach, G. Streit: „Härtemessungen an O-Ringen - Abhängigkeit von der Schnurstärke und dem Innendurchmesser", KGK 42 (1989) 892
42. U. Meinig: „Emissionen aus Kraftstoffsystemen von PKWs", expert verlag 2002
43. G. Streit, M. Achenbach: „Funktionalität von O-Ringen bei tiefen Temperaturen" Poster anläßlich der ikt`91, 24.-27. Juni 1991 in Essen, DKT = Deutsche Kautschuk-Gesellschaft e.V., Frankfurt/Main
44. M. Achenbach, A. Kanters, G. Streit: „Funktionalität von Elastomerdichtungen bei tiefen Temperaturen am Beispiel von O-Ringen", in: Technische Problemlösungen mit Elastomeren, VDI-Verlag GmbH, Düsseldorf 1992
45. G. Streit, M. Achenbach: „Funktionalität von Elastomerdichtungen bei tiefen Temperaturen am Beispiel von O-Ringen Teil 2. Einfluss von Kraftstoffen auf die Dichtkraft bei tiefen Temperaturen", KGK 46 (1993) 812
46. G. Streit, M. Achenbach: „Minimierung der Emissionen", GAK 54 (2001) 816
47. ASTM D1329: „Standard Test Method for Evaluating Rubber Property - Retraction at lower Temperatures (TR-Test)", Annual Books of ASTM Standards, Section 9, Rubber, ASTM 100 Barr Harbor Drive, West Conshohocken; PA 19428
48. DE 44 13 863 C2 „Dichtungsanordnung für Einspritzventile an Kraftstoffzuleitungen", Patentinhaber und Erfinder: M. Achenbach, P. Krumeich, G. Streit
49. DE 196 00 141 C1 „Dichtungsring und Verwendung desselben", Patentinhaber: Parker Prädifa GmbH, 74321 Bietigheim-Bissingen, DE; Erfinder: K. Müller
50. EP 96 922 892.3 „Kältefeste Dichtungsanordnung/Steckverbindung", Patentinhaber: Parker Hannifin O-Ring Division, 74385 Pleidelsheim, DE; Erfinder: M. Achenbach, P. Krumeich, G. Streit

51. DIN 53504: „Bestimmung von Reißfestigkeit, Zugfestigkeit, Reißdehnung und Spannungswerten im Zugversuch", Beuth Verlag, Berlin
52. Lit. cit. 32 sowie dort angegebene weitere Literatur
53. B. Davis: „Sidestepping nitrosamines", European Rubber Journal 5 (1989) 22
54. TRGS 552: „N-Nitrosoamine"(Technische Regeln für Gefahrstoffe), Ausgabe 1996, zuletzt bearbeitet: BArbBl. Heft 9/1998; siehe Internet unter TRGS 552
55. W. Hofmann, J. Diedrichsen: „Nitrosaminfreie Vulkanisationssysteme für EPDM" GAK 47 (1994) 437 lit. cit. ibid. 52 und 53
56. N. Sabadie, C. Malaveille, A.-M. Camus, H. Bartsch: „Comparison of the Hydroxylation of Benz(a)pyrene with the metabolism of Vinyl Chloride, N-Nitrosomorpholin and N-Nitroso-N´-Metylpiperazine to Mutagens by Human and Rat LiverMicrosomal Fractions", Cancer Research 40 (January 1980) 119-125
57. R. H. Schuster, F. Nabholz: „Inhibition of the formation of N-nitrosamines during vulcanization with alpha-tocopherol", IRC rubber 89, Prag
58. US USHA: Occupational Safety and Health Administration Directive, March 15, 1990
59. M. J. R. Loadman: „Nitrosamines - Myths, Fantasy and Facts", KGK 47 (1994) 207
60. Report to the President: „Presidential Commission on the Space Shuttle Accident", June 6, 1986
61. R. P. Feynman: „Kümmert Sie was andere Leute denken?", Piper München Zürich
62. M.Achenbach: „ParFinder" Parker Hannifin GmbH, 74306 Bietigheim-Bissingen
63. www.s.netic.de/teamweb/galerie/inhalt.htm
64. Merkblatt M 005 5/88: „Fluorwasserstoff, Flusssäure und anorganische Fluoride", Berufsgenossenschaft der chemischen Industrie, Jedermann-Verlag Dr. Otto Pfeffer oHG, Heidelberg
65. Europäische Kommission, E. Cresson, Mitglied der Kommission: „Brite-Euram"; von www.europa.eu.int/comm/research/growth/competitive/en/contents.html lässt sich per PDF kostenlos herunterladen: „Zehn Jahre Forschungsförderung im Dienste der Wettbewerbsfähigkeit"
66. N. N.: „Streifzug durch die Bayer-Geschichte" Bayer Magazin 3 (1988), Jubiläumsausgabe, Bayer AG, K-Öffentlichkeitsarbeit, 51368 Leverkusen

67. A. K. Bhowmick, H. L. Stephens: „Handbook of Elastomers", Marcel Dekker, Inc. New York and Basel, 1988, Kapitel 13: Halogen containing Elastomers von D. L. Hertz
68. R. B. Seyour, G. S. Kirshenbaum: „High Performance Polymers:Their Origin and Development", Elsevier Science Publishing Co., Inc.,1986, darin:"Advances in Fluoroelastomers" von Herman Schroeder, 74 Stonegates, 4031
69. United States Department of Commerce, Office of Technical Services: „Chemical Resistance and Thermal Stability of Fluorocarbon Elastomer", Headquartes Quartermaster Research and Engineering Command, US Army Quartermaster Research and Engineering Center Natick, Massachusetts, Chemical and Plastics Division Technical Report CP-4, A. Wilson, C. B. Griffis, J. C. Montermoso: „Chemical Resistance and Thermal Stability of Fluorocarbon Elastomer 214", Project Reference: 7-93-15-004, December 1957
70. R. G. Arnold, A. L. Barney, D. C. Thompson: „Fluoroelastomers", Rubber Chem. Techn. 46 (1973) 619
71. H. Millauer, W. Schwertfeger, G. Siegemund: „Hexafluorpropenoxid - eine Schlüsselverbindung der organischen Fluorchemie", Angew. Chem. 97 (1985) 164
72. A. L. Logothetis: „Chemistry of Fluorocarbon Elastomers", Prog. Polym. Sci. Vol 14 (1989) 251
73. O-A. Neumüller: „Römpps Chemie Lexikon", 8. Auflage, Stuttgart: Franckh, Perfluorierte Verbindungen, S. 3045
74. ASTM D1418-98: „Standard Practice for Rubber and Rubber Latices-Nomenclature", Annual Books of ASTM Standards, Section 9, Rubber, ASTM 100 Barr Harbor Drive, West Conshohocken; PA 19428
75. G. Streit: „Perfluorierte Elastomere - Chemische Struktur und physikalisches Verhalten", GAK 47 (1994) 598
76. Г. Штрайт: „ПЕРФТОРИРОВАННЫ ЗЛАСТОМЕРЫ", Каучук и резина, 2000, No 3, 5
77. N. N.: „ISO 6072, Ausgabe 2002-03: Fluidtechnik-Hydraulik - Verträglichkeit zwischen Druckflüssigkeiten und Standardreferenzelastomerwerkstoffen", Beuth Verlag, Berlin
78. J. P. Lehnen: „Pulverkautschuk-Verarbeitung - eine Gegenwartstechnologie für die Zukunft", Bayer AG, Sparte Kautschuk - Ressort Anwendungstechnik, D 51368 Leverkusen, Bayerwerk

79. G. Menges, G. Weyer, G. Speuser: „Ein Konzept zur Direktverarbeitung von Pulverkautschuk auf Spritzgießmaschinen", KGK 41 (1988) 63
80. Moriyama Dispersion Mixer: Moriyama Corporation, 586 Main Street, Farmingdale, N.Y. 11735 U.S.A.
81. N. N.: Helvoet Rubber & Plastic Bulletin, October 1984, Helvoet BV, 3220 AA Hellevoetsluis, Niederlande
82. N. N.: Barber Colman Company, Industrial Instruments Division, Rockford, Illinois, USA: Cure Command
83. D. Berkemeier, V. Groth, V. Pogatzki, A. Potthoff , Th. Timm: „Produktadaptive Prozessregelung für das Kautschuk-Spritzgießen (Teil 2)", KGK 43 (1990) 610, Computerunterstütze Automatisierungssysteme (CAS) Volker Groth KG, D 21465 Reinbek: Jidoka P101
84. Im Internet unter „REACH" z. B.: www.Umweltbundesamt.de/reach/
85. R. Kuschel, G. Streit: „Altautoverordnung und die Gummiindustrie", GAK 56 (2003) 379 sowie lit.cit. ebenda
86. W. Günther: „GLP - ein Fall für den Staatsanwalt?", Labor 2000, 92
87. www.gdch.de/gdch/Satzung.htm
88. N. Lüpke: „Qualitätssicherung für Prüfmethoden", Nachr. Chem. Tech. Lab. 39 (1991) 670
89. W. Günther: „GLP und Akkreditierung: Qualitätssicherung, DIN-, EPA-, VDI-Vorschriften?", Nachr. Chem. Tech. Lab. 41 (1993) 16
90. Th. Hoeth: „50er Kuschel-Parker.mpg", Landesschau BW vom 20. März 2002, Südwestrundfunk (SWR), 76530 Baden-Baden
91. N. N.: „Prüflabor akkreditiert", Bulletin 2/01 - November 2001, Parker Seals, Packing Division Europe, siehe www.parker.com
92. Prüfgerät Jidoka S101 II der Fa. Computerunterstützte Automatisierungssysteme V. Groth KG, Borsigstraße 29, D-21465 Reinbek
93. Als Beispiel: Olympus Stereomikroskop SZX12 mit SIS Software, E-Mail: industrial@olympus-europa.com
94. RCR der Fa. Göttfert Werkstoff - Prüfmaschinen GmbH, D-74722 Buchen
95. G. Streit: „Predictive Testing - Gummiprüfung dem Problem angepasst", in Elastomere als Dichtungsmaterialien, Seminar der Technischen Akademie Wuppertal e.V., Fritz-Bauer-Straße, D-90518 Altdorf vom 28.-29.04.2004

96. F. Leibbrandt, Beratung in Elastomertechnik, D-51515 Kürten
97 C. Priesner: „H. Staudinger, H. Merk und K. H. Meyer - Thesen zur Größe und Struktur der Makromoleküle", Verlag Chemie, Weinheim 1980
98. G. Streit: „Hochpolymere Werkstoffe", Teil I und II, GAK 51 (1998) 514-521 und 584-588
99. H. H. Brintzinger et al.: „Stereospezifische Olefinpolymerisation mit chiralen Metallkatalysatoren", Angew. Chem 107 (1995) 1235-1283
100. S. Arrigoni, M. Apostolo, V. Arcella: „Fluoropolymers architecture design: the branching pseudoliving technology", Polymer Science, Vol. 7 (2002) 23-40
101. H.-J. Weidenhaupt, H. Buding, W. Jeske: „Verbesserung der Hitzestabilität von Kautschukvulkanisaten", Bayer AG, Leverkusen, anlässlich der Fachtagung 2002: Die Kautschukindustrie: Neue Rohstoffe und Verarbeitungstechnologien. Anforderungen und Antworten. Veranstalter: DKG Frankfurt/Main
102. E. Labouze, V. Monier: „Study on external environmental Effects related to the Life Cycle of Products and Services", Final Report, www.europa.eu.int/comm/environment/ipp/home.htm

Verzeichnis der Abbildungen